本书为河北省教育厅高等教育教学改革研究与实践项目“基于 OBE 理念的大学英语视听说课程的教学设计与实践研究”（2022GJJG238）课题阶段性成果

“互联网 +”视域下高校英语教学改革与策略研究

曾妹云　王立军　赵振宇　著

中国书籍出版社
China Book Press

图书在版编目（CIP）数据

“互联网 +”视域下高校英语教学改革与策略研究 / 曾妹云，王立军，赵振宇著 . -- 北京：中国书籍出版社，2023.6

ISBN 978-7-5068-9463-0

Ⅰ . ①互… Ⅱ . ①曾… ②王… ③赵… Ⅲ . ①英语—教学改革—研究—高等学校 Ⅳ . ① H319.1

中国国家版本馆 CIP 数据核字 (2023) 第 113678 号

“互联网 +”视域下高校英语教学改革与策略研究

曾妹云　王立军　赵振宇　著

责任编辑	张　娟　成晓春
装帧设计	李文文
责任印制	孙马飞　马　芝
出版发行	中国书籍出版社
地　　址	北京市丰台区三路居路 97 号（邮编：100073）
电　　话	（010）52257143（总编室）（010）52257140（发行部）
电子邮箱	eo@chinabp. com. cn
经　　销	全国新华书店
印　　刷	天津和萱印刷有限公司
开　　本	710 毫米 ×1000 毫米　1/ 16
字　　数	206 千字
印　　张	11.5
版　　次	2023 年 9 月第 1 版
印　　次	2023 年 9 月第 1 次印刷
书　　号	ISBN 978-7-5068-9463-0
定　　价	72.00 元

前　言

当下，教育理念已经发生了革新性的改变，传统的“刻苦与服从”“成绩与统一”等观念已不再符合现代社会的教育需要。教育工作者开始重视以人为本，在追求教育质量的同时，要尊重学生个性，强调通过教育使学生寻求自己的幸福和尊严。此外，为了实现教育公平，还应更新原有的“配置公平”“机会公平”等理念，追求“获得公平”。这些重大现实问题的解决需要新思路，而现代信息技术就是一个非常理想的着手点：它以互联网为代表，在现代社会各领域之间实现跨界融合，并收获了令人惊喜的成效，教育领域当然也不例外。通过互联网技术，教育从业者们不仅可以覆盖传统教育涉及的规模和范畴，还能够更进一步地满足个性化发展需求，向优质化教育的方向发展，借此解决教育事业中一个长期存在的矛盾——“规模和质量”不可兼顾的矛盾。

互联网以全新的发展优势进一步推进了各行各业的创新发展，其中也包括高等教育，尤其是英语教学。在“互联网 +”时代下，进一步探索高校英语教学的发展现状、存在问题与实施路径，不仅是互联网向教育领域的渗透融合，也是教育理念改革发展的方向之一。

互联网技术不仅在人类教育发展的历程中起着重要的促进和支撑作用，还是推动教育模式演变的一股重要力量。可以认为，目前高校英语教学改革的核心着力点正在于互联网技术与英语教学的有机融合。互联网技术的每一次发展都会影响与改变着英语教学。很显然，互联网技术在英语教学中的每一次应用都不断地扩展着信息的广度与深度。

本书共分为五个章节，第一章为高校英语教学概述，主要就高校英语教学的现状、高校英语教学的原则及方法、高校英语教学的改革三个方面展开论述；第二章为“互联网 +”时代英语教育的变革，主要围绕“互联网 + 教育”综述、“互联网 +”时代对高校英语教学的影响、“互联网 +”时代高校英语教学的原则展开论述；第三章为“慕课”在高校英语教学中的应用，分别介绍了慕课的兴起、发展及特征、高校英语教学应用慕课的可行性分析两个方面的内容；第四章为“翻转课堂”在高校英语教学中的构建，重点介绍了翻转课堂的理论研究、高校英语构建翻转课堂的可行性分析、基于翻转课堂的高校英语教学实施三个方面的内容；第五章为"互联网 +"时代高校英语教学的总结与提升，分为两部分内容，即"互联网 + 高校英语教学"实践中的问题总结、"互联网 +"时代高校英语教育有效性的提升。

在撰写本书的过程中，作者得到了许多专家学者的帮助和指导，并参考了大量的学术文献，在此表示真诚的感谢。由于作者水平有限，书中难免会有疏漏之处，希望广大同行和读者批评指正。

曾姝云

2022 年 10 月

目 录

第一章　高校英语教学概述

英语教学是指教师从一定的英语教学目的或固定的教学目标出发，基于教授和掌握英语知识的目的，采取与之相匹配的教学方法和课堂技术，通过一个符合计划性要求的、系统性的过程，推动学生整体素质提升的教育活动。其本质上是教师的“教”与学生的“学”的统一。本章节内容为高校英语教学概述，主要就高校英语教学的现状、高校英语教学的原则及方法、高校英语教学的改革三个方面展开论述。

第一节　高校英语教学的现状

一、高校英语基础知识教学现状

（一）语音教学现状

1. 对语音教学的内容和任务把握不够

有一部分教师误以为，语音教学就是教字母、单词读音、国际音标。事实上，这种观点反映了其对语音教学内容的认识缺陷。因为语调、重音等同样是语音教学的重要内容。但有的英语教师只关心前面几项内容，而忽视了后面几项，这就很容易造成学生发音、拼读尚可，但语调不过关，语流不畅，最后导致学生读不清楚，说不明白，甚至会因为语调使用错误而引起他人的误解。因此，英语语音教学不能只停留在单个因素和单词读音的层面上，还应在音长、重音、语调、停顿、节奏等方面对学生进行重点训练。

2. 对语音教学的认识不足

对语音教学的认识不足主要表现在两个方面：一是对语音教学的重视不够，二是缺乏对语音教学长期性的认识。

作为语言存在的基础，语音是英语教学的第一关。可以说，世界上所有的语言不一定都有文字形式，但却一定有各自的语音。因此，英语语音教学也应该是整个高校英语教学发展的起点。然而在实际教学中，一些教师对语音教学并不重视，这一点主要表现为对学生的发音问题（如浊辅音发成清辅音、短元音发成长元音等）不认真纠正就放过，致使学生的语音基本技巧不纯熟，无法快速地将字母和语音联系起来，达不到直接反应的水平。总之，对语音教学的重视不够直接导致学生发音不准、语流不畅、语音不地道等问题。

此外，还缺乏语音教学长期性的认识。一些教师和学生认为，语音作为一项基础知识，只存在于英语教与学的初级阶段，大学阶段无须再开展语音教学。这种观点是不正确的。事实上，语音教学应该贯穿于英语教学的全过程。这些问题的产生都和教师对语音教学的长期性认识不够有很大的关系。因为语音是一种技巧性能力，“久熟不如常练”，语音的学习自然就需要经常练习。教师不仅要指导学生练习，自己也要不断地进行纠音和正调。需要指出的是，大学阶段的英语语音教学可不必将重点放在孤立的发音上，而应将语音教学融入语法、词汇、句型、课文教学和听、说、读、写训练之中，结合语境才能更好地使学生的语音得到提高。

3. 教师语音不标准

教师作为学生学习的榜样，其发音的准确、地道与否都直接影响了学生对语音的学习。然而，由于地区差异等原因，部分英语教师自身也存在发音不准确的问题。还有一些英语教师不能区分英式发音和美式发音。这在我们看来似乎没什么，但英语本族人对英式发音和美式发音却比较敏感。

4. 学生语音练习机会少

大学阶段的语音教学不像初学英语教学，教师不会再用专门的几节课讲授语音知识。非英语专业的高校英语教学并无专门的语音课，语音是和其他语言知识与语言技能一起进行综合教学的。总体来看，教师分配给语音教学的时间本来就少，而用于语音练习的时间就更少了。这是英语语音教学中的一个显著问题，也是学生英语语音学习效果不佳的一个重要原因。

（二）词汇教学现状

1. 词汇教学现状表现在教学方法单一

词汇是学生学习英语时最常见的要素之一，也是学习中最令学生头疼的部分之一。很多学生都存在记得快、忘得也快的问题，这一现状与教师词汇教学的方法不好不无关联。一些教师依然采用传统的词汇教学方法，即“老师领读学生跟读—老师讲解重点词汇用法—学生读写记忆”。这种教学方法单调、乏味，学生处于被动的学习地位，对词汇学习难免会产生抵触情绪，教与学的效果都不会太好。对此，教师必须重视词汇教学方法的更新，尝试使用一些多样化、趣味性强的词汇教学方法，借此激发学生学习的积极性，使学生对词汇学习产生稳定、高涨的兴趣。

2. 忽视学生的主体地位

学生是学习的主体，其自身的各项因素都直接决定了学习的效果。现代教育观认为，只有突出学生的主体地位，教学才能收到令人满意的效果。然而，这种主体地位在实际的英语教学中仍未得到很好的体现，词汇教学也不例外。词汇教学本应注重对学生智力的开发，重视对学生的观察力、记忆力、想象力、思维能力以及创造能力的培养。而现实状况是，一些教师仍然采用纯讲授的单线教学，将词汇的发音、意思、搭配等知识一股脑儿地灌输给学生，也不管学生需不需要，有没有兴趣，这样的词汇教学效果显然不佳。实际上，学生进入大学阶段时，大多有了一定的英语词汇基础，且有能力对相关的词汇规律进行归纳和总结。因此，教师应发挥引导作用，使学生逐渐能够独立思考和总结，发现词汇规律，掌握词汇学习的方法，这样才能使学生的词汇学习事半功倍。

3. 与实际生活联系不够以及缺乏系统性

人们往往对自己熟悉的、与自己有关的事物更加关心。因此，教师也应将词汇与学生生活联系起来，以激发学生更大的学习兴趣。然而，一些教师仍然采用黑板和口头形式讲述单词，致使词汇与实际生活的联系十分微弱。不能使词汇学习与学生的实际生活联系起来就难以引起学生的词汇学习兴趣，也就无法因材施教。

（三）语法教学现状

1. 教学方法单一

高校英语语法教学方法单一的问题体现为，一些教师经常甚至只使用“先讲语法规则，后做练习”的教学方法。这种教学方法使学生处于被动接收的地位，无法调动学生学习的积极性。学生听的时候似乎明白了，用的时候又倍感困惑。尤其是当几个语法现象共同出现的时候，学生往往就会不知所措。因此，面对复杂而繁多的语法条目，教师务必注意教学手段的多样性，深化学生对语法条目的理解和记忆，使学生学会使用语法，而不是单纯地背诵语法规则。

2. 教材与大纲不协调

教材是课堂教学的依据，教材质量的高低关系重大，它影响着教师具体使用的教学方法，并左右着教学目的实现的进程。在经济快速发展、社会观念不断变化的现代社会，对大学毕业生能力提出了更高、更具体的要求，其中就包括交际能力。因此，为了进一步促进学生素质的全面发展，高校必须弃用过于落后的语法教材，采用一些内容更全面、理论更科学的新教材。传统语法教材的影响是双方面的：对教师来说，它会限制教师教学的开展和课堂发挥；对学生来说，它不利用培养更实用的语言应用能力。因此，作为教学依托和指导的传统语法教材应由交际语法教材取而代之。这有利于使学习者能够运用语法发展交际能力。

3. 语法地位降低

语法教学一度在我国英语教学中占据核心地位。一提到英语教学，人们自然而然地想到语法。然而随着在此观点指导下的英语教学弊端逐渐暴露，大量淡化英语语法教学的现象也逐渐显露。有人认为，学生小学就开始学语法，到大学阶段语法学习已基本完毕，无须重复。还有人认为，试卷中考查语法的题目较少，分值比重也很少，不值得花费太多的精力去学习。因此，语法教学又一度失宠。事实上，前面两种观点都是矢之偏颇的。

4. 学生语法运用能力差

学生对语法的运用能力差主要表现在语法知识的掌握和交际技能的运用之间存在落差。长期以来，传统的英语教学过分注重对学生语法知识的传授，即使到了大学阶段，英语教学也仍以传统的教学方法来进行，通过反复模仿来巩固学生的英语基础知识。因此，学生最后虽然掌握了语法知识，语法规则背得头头是道，却并不具备语法能力，在实际运用中错误百出，这样做的结果是，虽然学生在校园生涯中一直在接触英语语法讲解课程，但并未理解语法的应用场合，因此在实际交际的过程中频繁出错、语不达意。

二、高校英语技能教学现状

（一）听力教学现状

听力教学现状包括教学模式机械化、听力时间不足、教材现状不佳和学生听力基础薄弱四个方面的现状。

听力教学的机械化表现为教学模式程式化，即大多数教师都采用“听录音—对答案教师讲解”的模式开展听力教学。这种模式下的听力教学不仅缺乏对学生的有效监督，而且忽视了学生对语篇的整体理解，只是毫无目标地、机械地播放录音，一遍不行就放二遍、三遍，教师盲目地教，学生盲目地听，而且学生听的时候也不认真，听完就等着对答案，听讲解，并没有强烈的学习动力。

听力水平的提高需要大量的练习做保障，但很多学生课下就将学习抛在脑后，很少主动练习听力，因此听力学习的时间主要集中在课堂上。然而，非英语专业的高校英语听力教学并未独立出来，而是和其他内容一起教授。但一节课的时间有限，而且也不可能全部用于听力，因此学生学习听力的时间其实很少。听力作为一种综合性技能，它的提高并非一朝一夕能够实现的，这就使学生的听力水平难以提高。

教材对教学活动的组织安排具有很大的指导作用。好的听力教材不仅可以丰富学生的文化素质，还可以开阔学生的视野。而质量不佳的教材就会对教与学产生种种阻碍。我国部分高等院校使用的听力教材就存在内容陈旧、编排不合理等问题。这些教材既不能反映迅速变化的时代，也无法体现最新的教学思想和教学方法，因此难以在听力教学中起到良好的辅助作用。

（二）口语教学现状

第一，教学方法不够先进。在相当长的一段时间内，我国的英语教学都将语法和阅读课程作为重中之重，很多教师都不重视甚至直接跳过口语教学环节，即使有些教师希望锻炼学生的口语能力，由于没有充足的课堂时间，口语教学的方法并未得到及时更新。“讲解—练习—运用”是我国高校英语口语教学的常用方法。这看起来并无不妥，但实际上却将学生放在一个被动地获取知识的环境中，没能让他们结合具体语境、联系上下文解读语句含义，而是让他们一直重复大量机械的练习，如同义词替换、生词造句等，这种模式对于学生口头表达能力的提升是没有帮助的。

第二，课时不足。和听力教学一样，口语教学也并未被独立出来进行专门教授，这就意味着口语教学的时间很难得到保证。然而，口语能力的提高通常需要花费大量的时间，进行大量的实践，而教学时间的不足直接制约了教学效果的提高。教学时间的不足是英语口语教学的硬伤，直接导致了学生的口语能力低下。

第三，缺乏配套教材。有调查显示，适用于非英语专业的高校英语口语教材十分少见。大多数英语教材都将口语训练当作听力训练的延展而附在听力训练之后，且内容简短，缺乏系统性。这就很容易使教师和学生轻视口语的教与学。尽管市场上也有一小部分口语教材，但实用性不佳。这些教材要么是专门针对某一专业、领域的口语教材，难度太大；要么是有关简单的问候、介绍等常用语的教材，过于简单。这些教材都难以担当辅助口语教学的重任。

第四，学生口语能力差，心理压力大。中国学生在学习英语口语时，难免受汉语的影响，而存在各种各样的问题。例如，有的学生发音不准，影响了语义的表达；有的学生带有地方口音，听起来十分可笑；还有的学生不能正确使用语调、重音等，影响口语表达的标准性，甚至改变了发话人的本意。另外，由于缺乏练习，学生也很难将学到的词汇、语法用在口头表达中，因而造成无话可说或不知如何去说的尴尬。

受传统教育的影响，英语教学的重点通常被放在阅读和写作上，口语教学就被忽视掉了。这就导致学生缺乏口语练习，口语基础薄弱，即使日后意识到了口语的重要性，也总是心虚、不自信。虽然有些学生的口语能力不像他们自己想象得那么差，却仍然不愿意开口说英语。即使有一小部分学生愿意口头交流，也总是带有紧张不安的情绪，担心自己说错、被批评、被耻笑。这些负面情绪大大影响了口语水平的提高。

（三）阅读教学现状

1. 阅读教学现状表现在教学观念有误

阅读教学一直以来都在高校英语教学中占有极高的比重。但是，必须指出，现阶段的高校英语阅读教学观念存在以下两个严重的错误：

第一，将阅读教学的概念和教学方法同词汇教学、语法教学等相混淆。受到惯性思维和传统教学模式的影响，英语教师都十分强调语言知识的讲解，如果在阅读理解的过程中遇到了重点或难解的单词、语法点等，就会花费过多精力用于讲解，阅读教学呈现“讲解生词逐句逐段分析对答案”的定式，忽视了学生对语篇的理解、从语篇中获取信息能力的培养。引发这一问题的主要原因就是错误的阅读教学观念。教师没能充分认识和理解阅读教学的培养目标，因此，阅读教学的最终形式和意义与语法、词汇教学没有本质区别，学生的阅读能力也并未得到提高。

第二，将阅读速度等同于阅读能力。有些教师认为，阅读速度加快了就意味着阅读能力提高了，并据此来开展教学活动。事实上，这一观点是错误的。有些学生即使阅读得很快，但理解不佳，有些学生阅读得很慢，理解却很好。因此，阅读速度和阅读能力没有必然关系。阅读的速度应根据阅读目的来确定，配合一定的阅读技巧来实现。若只需要掌握文章大意，就可采用浏览的方式来阅读，不必字字细读。若要掌握某个细节事实，就应先浏览，确定所需信息的位置，然后细读该部分。

2. 教学方法落后

高校英语阅读教学方法的落后体现在教学模式的刻板僵化上，一般的教学模式都是先由教师安排指定的阅读任务，之后学生阅读文章、完成题目，从教师处对答案，最后讲解出错率高的题目，这一流程的适用性极强，相当一部分教师不对其加以任何考虑，便将其作为一个固定的模式。因为该流程比较适合应对常规学业考试，所以传播度和使用程度都比较高，然而也比较死板僵滞，学生的阅读习惯、阅读技巧等均得不到培养，学生主观能动性没能充分发挥，其主体地位没有得到应有的重视，更无法引发并保持学生的学习兴趣，阅读教学的效果可想而知。

3. 课程设置不合理

有些学校、教师错误地认为阅读教学是英语教学的附属品，因而对阅读课程教学目标、教学计划的设计不甚在意，阅读教学的课时、课程设计、师资力量以及教学组织得不到保证，直接影响了阅读教学的效果。另外，精读与泛读的课程设置也明显“厚此薄彼”。很多高校从大一到大四都安排给精读很多课时，而泛读则几乎没有。这种重精读、轻泛读的现象加剧了教师和学生对阅读的误解（学习词汇、语法知识），而由泛读培养起来的阅读技巧则得不到任何发展。这显然使阅读教学误入了歧途。[①]

（四）写作教学现状

1. 课程和教材

从当前的高校英语课程开设情况来看，大部分高校并没有专门设立英语写作课程。此外，受到其他学业任务的挤压和干涉，大学英语课程频频受到课时缩减等问题的困扰。在这样的情况下，很多英语教师都以课程标准和学期任务为先，因为教学时间短、学业任务重，所以老师们大都倾向于将课文讲解和阅读等任务放在首位，将大量的课堂时间和教学精力用在教授书本知识上。至于写作课程和写作技能培养，现行的很多教材都没有专门给出独立的章节或系统化的教学任务，仅仅在课文阅读的延伸任务中附加一些简易的写作练习，这样一来，学生接受的训练不够，教师对写作的重视程度也不高，与写作有关的内容在课堂上被一笔带过，即使教师愿意或已经安排了一些写作训练，也不会将其常规化、流程化。

2. 师资配备

在各种英语学科的训练中，写作是实践性最强的课程之一。要想提升学生的写作能力，师生之间必须保持即时的联系和交流，学生应向教师反馈学习的结果，

① 万呈惠，张丽．地方高校大学英语教学现状及对策 [J]. 中国多媒体与网络教学学报（上旬刊），2020（02）:69－70.

教师也能及时发现学生的问题并给出相应的改正和提高策略。但是前述的内容在实际教学中并不容易做到。因为无论是学生写作还是教师阅读并批改作文，都要花费很多时间，而且一个班级总人数又非常庞大，通常情况下，教师要快速批阅学生作文并及时给予反馈是不可能的。往往是教师把批改后的作文返还给学生并要求修改时，距离学生写作已经过去了很长时间，至于具体的构思过程和写作方式，学生可能已经没有印象了，即使看到了教师的批改要求，也无法和当时的写作思路联系起来，在下一次写作时，依然无法参考教师的建议来改进写作手法。如果教师想在短时间内对学生的作文予以反馈，必然压缩批改过程，这样又会导致批改内容粗糙不精，指导意义差。综上所述，目前许多英语教师的作文修改很难取得理想的效果，指导流于表面，无法对学生作文水平的提升起到理想的促进作用。

3. 学生写作意识

受到大学英语课程改革的影响，高校学生普遍对英语学科产生了较高的参与性，然而，由于相关课程的安排不够合理，学生往往没有明确的、有方向性的英语写作意识。造成学生写作意识缺失的因素是多方面的，因素之一在于学生对待写作的态度和对其的认知出现了偏差，学生没有认识到流畅的写作能力在语言素质整体中承担的意义，认为只要能通过英语四、六级考试或取得专业证书，英语写作教学和练习的目的就达到了，这种应试性质的写作能力当然不能满足外语人才的培养要求。另外，英语写作也是一种综合性的能力，不仅要求写作者积累足够的词汇和语法知识，还考验写作者的表达能力、交流能力与逻辑思维等，更进一步地说，写作水平受到写作者本人对目标语言的熟悉程度和理解思维的影响，可以说关系到多方面的语言能力，此外，书面应更规范正式、措辞严谨，并要求写作者在行文中体现严密的逻辑，这些都要求学生付出大量的时间加以练习，教师也应付出更多精力予以指导，不仅如此，写作能力在短时间内很难有显著的提升，教师和学生都应该拥有足够的耐心和细致程度。

（五）英语翻译教学现状

1. 重视程度不足，教学缺乏整体规划

以往的高校英语教学模式集中于为考试服务，教学逻辑和教学内容都有着强烈的应试教育的色彩。教师重点讲解基础知识，学生花费大量的时间来记忆单词拼写、固定用法，并练习模式化的写作技巧。这样一来，留给英语翻译教学和练习的学习时间就不够了，而且教师并没有对该项目给予足够的重视，甚至一些学校还未设置专门的翻译课程，导致翻译教学质量难以得到保障。不仅如此，受到传统教学理念的长期影响，部分教师没能认识到将翻译技巧融入教学内容的意义，认为英语翻译教学单纯地等同于讲解并带领学生翻译教材内容，学生的英语翻译能力很难得到真正提高。

2. 教学内容陈旧，学生翻译思维僵化

虽然部分高校已经开设了指定的英语翻译课程，然而这些课程普遍受到传统教学模式的限制与思维惯性影响，教学思维僵化的现象非常明显，课程没能体现足够的创新成分和创新精神，也未能强调学生在学习中的关键地位，培养出来的学生很难树立自主学习的意识。此外，在专业技能和教学条件等因素的影响下，教师也无法开展“技术含量”较高的教学工作，仅仅是照本宣科地讲解课本上的内容，让学生翻译书面意思并予以纠正，更不能全面且深刻地认识、理解教学内容，这些问题都是造成教学效果与质量长期滞后的关键。

3. 教学模式陈旧，学生英语基础薄弱

大部分高校当下的课堂教学仍然是围绕教师展开，由教师发挥课堂主体的作用，传统教学观念在课堂中的渗透非常深，教师的教学方式也趋于保守，没有体现出信息时代的教育和全面发展的特征。在这种教学模式下，教师仅教授书面知识，不能真正培养学生的学习态度，这样一来学习效果的改善也会受到影响。此外，很多英语翻译教师的关注重点有偏差，认为翻译课程只要锻炼学生英汉互译的能力就可以了，所以课上只看重学生的翻译结果是否准确，这其实是不合理的，学生在教师的硬性要求下只追求正确的翻译，不分析语法习惯和上下文连贯等，在翻译时仅仅抱着应付差事的态度，对翻译技巧本身和外语文章阅读都没有兴趣。

4. 师资力量不足，学生综合素质欠缺

需要特别指出的是，虽然学生的确在学习中承担主体的地位，但这并不代表学生可以脱离教师的指导，完全独立地学习。应该说，高校英语翻译教学水平的提高是学生整体素质和教师讲解能力共同提升的综合性过程。但是，专业翻译教师的稀缺是一个突出的难题。虽然专业基础（具体指能够顺利地完成包括听、说、读、写等在内的教学任务的素质）充足的英语教师在目前的高校中并不少见，但很少有专门接受过英语翻译教学培训的教师。因此，语言类师范院校也应该专门开设相关课程，培养兼具教学素养与专业翻译理论的翻译课教师。

三、高校英语教师教学现状

教学活动离不开学生、教师两个主体。学生是“学”的主体，在以学习者为中心的教育理念下，充分发挥学生中心地位意义重大。但作为“教”的主体，教师在教育教学过程中则起着主导性作用，高校英语师资队伍建设对于深化高校英语教育教学改革至关重要。

近年来，高校英语师资队伍不断壮大，师资在学历层次、专业水平等方面都有较大幅度地提升。高校英语教师队伍中，随着20世纪50年代出生的老师陆续退休，现职教师大多都是硕士以上学历，有国外留学或工作经历的老师也占有一定的比例，很多重点高校要求教师必须通过各种方式到国外访学深造，否则在职称评定和提拔任用等方面就会一票否决。同时，外籍教师也成为高校英语师资队伍中不可或缺的组成力量。在中外合作办学项目和某些民办特色学校，外籍教师甚至成了高校英语师资队伍中的主力军。在高校英语教材不断更新、升级的市场机制推动下，基于新教材的高校英语教师培训使高校英语教师在教学理念、教学方法等方面与时俱进、不断发展。广大教师注重学生英语综合能力培养，在以教师为主导的同时，普遍关注、探索以学生为中心的教学方法，取得了显著成效。

在高校本科教学质量评估的政策推动下，高校英语教学条件在近年来取得了相当快速且可观的建设成就，呈现出值得乐观的发展水平，在各大高校，基于网络平台的英语自主学习中心与多媒体课室都得以普及，为高校英语教师探索基于计算机和课堂的教学模式、改善教学效果奠定了坚实的基础。为了确保高校英语教师队伍健康发展，各校高校英语教学部门完善制度，改进工作机制，通过教改、教研、教师专业发展一体化的团队建设，加强观摩教学、师资培训与学术交流，推动学习型师资团队建设，提升高校英语教学团队整体理论水平。现在的高校英语教师发展不仅仅是“站好讲台”了，他们还积极投身教改、教研，发表学术论文，编写、出版校本特色英语教材。

当然，随着高校英语课程体系改革的不断深入，高校英语师资队伍建设也出现了一系列难题，面临着来自各方面的各种挑战。例如，我国高校英语教学改革正处于一个从 EGP（通用英语）到 ESP（专门英语）的转型时期，急需具有 ESP 背景的“双师型”教师队伍。

高校英语“教”的主体无疑就是高校英语教师。但在我国，高校英语课程建设是一个系统工程，其主体不能局限于传统意义上的教师，还离不开教学管理者的参与。以学校教学管理职能部门教务处为例，高校英语课程教学管理与改革的方方面面都离不开教务处的关心和支持，如本科人才培养方案中对高校英语课程性质的定位、学分 / 学时分配、教学资源配置、教学改革立项、学生分级分班、课程排课、教学场所安排、学生竞赛资助、教学奖励等。其实，除了上述主体，高校英语教学改革的顺利开展，也离不开学校各职能部门主管领导的关心与支持。

四、高校英语媒体教学应用现状

近年来，高校英语课堂教学条件和学生自主学习条件都发生了巨大的变化。多媒体教室、网络教室得到普及，基于计算机和课堂的教学模式成为高校英语教学模式的主流，以富媒体为特征的高校英语教学资源有力地支持、促进了学生的个性化学习和交流。

多模态学习，即运用视觉、听觉和言语等多种模式同时进行学习，有利于减轻学习者认知负荷，加强学习的持久性，有利于改善学习效果。在课堂教学中，教育者可以利用各种教学工具，如图片、视频、音乐等，激起学生学习的兴趣，引导学生进入多模态学习环境，进而达到很好的教学效果。教师可以将课内教材与课外读物相结合，鼓励学生拓展课外学习，利用网上资源及图书馆图书等进行多方位学习，进一步巩固知识。

泛在式、非正式学习成为学生课外学习主体。学生采用各种媒体途径，如通过手机、个人电脑、iPad、课本、校园网、校园广播、网络自主学习中心，根据个人兴趣和学习发展需要，进行多媒体、多模态学习。通过 QQ、微信、微博等社交软件与外界保持联系和互动等。

一系列实验研究表明，文字、声音和图像这三种方式相结合的多模态学习方法有利于提高学生学习的效率。借助多媒体进行教学，对学生的外语学习有很大帮助，因为图像与声音比文字更形象、生动。

近年来，各校纷纷改善高校英语教学条件，不仅普及了多媒体课堂教学，而且都在加强高校英语网络自主学习中心建设。以中原工学院为例，近五年共改建、新建了 8 个网络自主学习室（近千个学生终端），可以满足全体学生每周 2 个学时的课外自主学习的需要。在改善网络教学条件的同时，学校还专门设立了计算机辅助语言教学部，积极探索基于计算机网络的英语教学改革，开展基于网络的高校英语听说、写作实训课程的教学实验，保障高校英语网络自主学习，建设具有校本课程特色的高校英语课程资源。立体化、多元化的教学资源拓展了学习者英语表达和建构方式，促进了教学内容的多元化，不仅保障了新媒介条件下多媒体、多模态课堂教学，促进了学生真实的、有意义的英语学习，满足了交互式英语教学的需求，还极大地丰富了高校英语课程文化及校园文化。探索如何通过教学媒体不断优化教学系统，已经成为高校英语教育教学改革的一个重要主题。

第二节　高校英语教学的原则及方法

一、高校英语教学的内在原则

所谓教学原则，是指在一定教学目标的指导下，根据教学规律，对教学展开指导的行为准则。高校英语教学也需要以一定的教学原则作为指导，且这些教学原则要与英语这门学科的特征相符合，同时需要与学习英语的学生的特点相符合。随着高校英语教学的不断改革与发展，形成了很多与之相符的教学原则，本节对其进行总结与论述。

（一）真实性原则

高校英语教学的真实性指的是教师的英语教学需要体现英语本族语真实的语言使用环境，并以此设计教学内容，展现英语的语言交际场景、社会文化等。

英语教学中的真实性需要体现在教学的各个环节中，以培养学生的语言综合应用能力为总目标，同时利用交际法和任务法展开教学，力图使学生在真实的英语环境中提高自身的语言能力。具体来说，真实性就是语用真实，在教学中应该做到以下几个方面。

（1）把握真实语言运用的目的。语言交际目的是进行交际的前提，真实的语言运用目的是提高学生参与性和培养学生语言运用意识的重要保证。

（2）采用语用真实的教学内容。由于语言教学的特殊性，其教学内容不仅包括课文教材、同时还需要涉及语言运用材料。真实的教学材料能够使学生接触真实的语言，了解英语国家真实的交际话语和文化背景，并能够在课堂活动与社会交际中进行应用。

教师在教学前需要搜集和整理真实的教学内容、分析语言应用的语境与内涵从而保证教学和学生语用能力的提高紧密相连。

（3）设计或组织语用真实的课堂教学活动。教学活动是保证教学效果的重要因素，同时也是语言运用的重要手段。真实的课堂教学活动需要体现语言应用的目标，将学生的语用能力的培养与提高和课堂教学内容的训练与巩固紧密相连。教师在真实的课堂教学活动中发挥着重要的指导作用，需要对学生进行积极的引导，使学生明白语言的真实语境与言外之意。

（4）努力做到学习环境的真实性。我国学生主要是通过课堂教学的方式进行英语学习的。为了提高学生的语言交际能力，努力做到学习环境的真实性十分有必要。教室是进行英语交际的重要场所，教师应该重视教室的交流作用，为学生打造出合适的学习和交际环境。

（5）设计语用真实的教学检测评估方案。教学评估是教学整体链条中的重要一环，对教师的教学和学生的学习都有重要的反馈作用。设计语用真实的教学检测评估方案，能够使教师发现学生学习中的不足，从而及时调整教学任务。

由于语用真实会引导学生更加重视语言学习的应用性，利于学生英语使用自我意识的提高，因此在进行教学检测评估设计时要注重语用能力的检测。

（二）综合性原则

英语教学的综合性原则指的是重视语音、语法、词汇的交互影响作用，进行综合教学。

（1）整句教学与单项训练相结合。由于英语教学是为了提高学生的语言应用能力，因此在教学中教师最好可以采用整句教学的方式。学生在学习到语言表达之后就能直接运用，有利于学生语感能力的提高。具体来说，整句教学的顺序是先教授简单句子，然后再教授较为复杂和长的句子，将整句教学和单项训练相结合。

（2）进行综合训练。语言学习是一个完整的整体，需要在教学中进行综合训练，也就是结合听、说、读、写四个部分。在高校英语教学中，听、说、读、写的培养是教学的主要途径，教师可以训练学生的多种感觉器官，保证四项技能训练的数量比例、难易程度，从而使学生完成各项学习任务。

（3）进行对比教学。由于英汉语言的差异性，在高校英语教学中还需要进行对比教学，引导学生在语言使用中学习单词、语法、语音。这种对比教学的方式能够保证整体教学效果的提高。

（三）发展性原则

所谓发展性原则，是指确保所有学生的智力因素与非智力因素都得到应有的发展。这不仅应体现在教学工作的初始阶段，而且也应体现在教学工作的结束阶段，是衡量教学效果的一项重要标准。

高校英语教学过程不仅是学生的认知、学生的英语技能、学生的学习情感交互的过程，也是整个生命体的活动过程。因此，学生的发展可以视为一个生命体的成长过程，并且这一过程具有和谐性、多样性以及统一性的特点。要实现这一目标，需要做到如下三点。

（1）教师要对每位学生的成长予以关注，确保所有学生都能得到发展。

（2）充分挖掘课堂存在的智力和非智力资源，合理、有机地实施教学，使之成为促进学生发展的有利资源。

（3）为学生设计一些对智慧和意志有挑战性的教学情境，激发他们的探索和实践精神，使教学充满激情和活力。

思辨能力属于学生人文素养提升的重要组成部分，对于学生的整体素质发展有着重要的影响作用。在高校英语教学的过程中，教师需要遵循发展性原则，使学生的能力与素养得到切实提高。

二、高校英语教学的主要原则

（一）以学生为中心原则

无论是哪一门学科的学习，学生都占据主体的地位，是影响教学的内在要素。当然，高校英语教学也不例外。这就要求教师在高校英语教学中坚持以学生为中心，将学生的主观能动性发挥出来，从而不断提升他们的英语学习质量与效率。学生中心原则指的是在教学中根据学生的实际情况进行教学活动的设计与开展。具体来说，学生的实际情况包括以下几个要素：（1）真实的学习目标；（2）真实的学习兴趣；（3）真实的学习动机。

（二）以就业为导向原则

所谓以就业为导向，顾名思义就是教学的目的是为学生的就业服务的，这一般适用于高职院校的学生。高职英语教学具有特殊性，教学目的与内容往往具有实用性，因此教师在教学中必然需要坚持以就业为导向原则。具体来说，这一原则要求教师注意如下几点。

（1）在教学过程中，教师所讲授的知识需要与学生未来的职业领域相关。

（2）在具体的实践过程中，教师能够引导学生实现“零过渡”。具体来说，高职院校可以与社会上的与本专业领域相关的企业进行合作，为学生提供更多实际的参与机会，为学生以后顺利进入职场做铺垫。

（3）《关于全面提高高等职业教育教学质量的若干意见》中指出，高职英语教学应该以就业为导向，强化学生的职业能力，推行"双证书"制度，力争实现80%具有职业资格证书的毕业生都能取得“双证书”。该政策就是倡导高职院校可以与社会上的一些“考证”机构合作，帮助高职学生在毕业时取得双证或多证，为自己的未来发展谋取更多的机会。

（三）以网络为手段原则

在高校英语教学中，还要将网络作为手段。以网络为手段的原则有很多细则，具体分析如下。

1. 多媒体呈现

众所周知，声音加图像的形式要明显比单独表述的方式有更大的优势。因此，学生需要同时接收言语信息与形象信息，这比单纯接收单一的信息更有意义。例如，在英美文学的学习中，学生一边听解说，一边通过幻灯片、录像、动画等看到与材料相关的视频信息，其学习效果会比单独听录音、单独看文字材料更好，这就是美国学者理查德·梅耶所谓的“多媒体效应”。在多媒体环境下，学生能够同时建构两种心理表征——言语表征与视觉表征，并能够建立起二者之间的联系。

2. 时空同步

相关的言语信息与视觉信息往往出现在同一时空，而不是分散的，因此更有利于学生接受和理解教学内容。这就是所谓的“时空同步效应”。例如，学生在学习自行车打气筒的工作原理时，如果一边听声音解说，一边观看动画演示，就能很容易地了解和掌握。梅耶指出，用这一方法学习效果能够提高 50%。在这一环境下，相关的言语信息与视觉信息需要同步进入工作记忆区，便于二者建立联系。

3. 注意分配

在网络环境下，言语的呈现需要通过听觉信道，而不是视觉信道。例如，学生通过听解说、看动画来了解材料内容。当解说词与动画都以视觉形式呈现时，学生不仅要对动画信息加以注意，还需要对文字信息进行关注，因此会导致视觉负担加重，造成部分信息的丢失。但是，当文本信息和图像信息分别以听觉、视觉呈现，学生可以在听觉工作记忆区加工言语表征，而在视觉工作记忆区加工图像表征，这就大大减轻了学生的视觉负担，从而均衡分配注意力，有利于学生对信息的理解和接受。

4. 个体差异

与基础好的学生相比，如上三条原则对于基础差的学生更有效；与形象思维差的学生相比，上述三条原则对形象思维好的学生更有效。可见，这些效应的产生与学生的个体差异有密切关系。以网络为手段的高校英语教学应该坚持个体差异原则，注意区分学生的原有基础知识能力及形象思维能力，使不同的学生都能够实现最好的言语与图像的结合，从而掌握英语知识。

5. 紧凑性

以网络为手段的高校英语教学需要坚持紧凑性原则，这样有助于言语信息与图像信息的应用。在网络环境下，学生接收短小精悍的言语信息和图像信息，其学习效果更好，这就是所谓的“多余信息效应”。

三、英语教学方法的内涵解析

“所谓方法，是指关于解决思想、说话、行动等问题的门路、程序。”[①]“方法”的范围可大可小。因此，英语教学方法也就有不同的范围。英语教学方法大致可以分为三个层次：宏观层、中观层和微观层。

宏观层次的英语教学方法涵盖面非常广，所有涉及英语教学的、符合系统性要求的建议、理论、提案和操作流程都属于宏观层方法，对这些关联内容加以整合，避免相互矛盾，按照一定的顺序排列后一步步实施，组建一个相对完整且可以独立运行的思想体系，与其他各种先存的思想体系区分开来，单独作为一种教学方法。宏观层英语教学法包括语法翻译法、直接法、认知法、交际法等，也可以称为“英语教学流派”。

中观层次的英语教学方法是指英语教学中的某些规律性的、固定的“套路”，是一种较为复杂的、分为若干步骤的、系统的技巧和做法。例如，3P 法（Presentation，Practice，Production），IRF 法（Initiation，Response，Feedback）等。

微观层次的英语教学方法是指具体的教学技能技巧。在这一层面上，“方法”一词不再是英语教学中的专用术语，而是日常用语，其是指“解决某一具体问题的某一具体做法”，可称之为“技能”或“技巧”，如词汇教学中的默写法、语法

① 李浩宇．英语教育与互动课堂模式研究 [M]．长春：吉林美术出版社，2018：141.

教学中的演绎法和归纳法等。

“英语教学方法是一种建立在系统的原则和程序基础上的语言教学的途径和做法，是有关语言教与学的最佳方式的观点的应用。”[①] 简而言之，英语教学方法是有关英语教学的思想体系。这种思想体系分为两个层面，即理论基础层面和操作程序层面。理论基础层面解决的是英语教学的基本理论、基本观点、基本原则等方面的问题，也就是英语教学的哲学思考、科学思维和逻辑推理。而操作程序层面解决的是英语教学中的教学活动问题，也就是教学活动中关于具体内容的决策、技术、技巧等方面的问题。理论基础层面的教学方法是科学分析，而操作程序层面的教学方法是科学应用，两者结合在一起便是对英语教学方法最好的解释。

四、高校英语教学的主要方法

（一）语法翻译法

1. 语法翻译法的起源及概念

其优势主要体现在“直接”上。语法翻译法会围绕一个较为固定的主题开展翻译练习。但是，该教学法同样是产生传统高校英语翻译课堂劣势的主要因素。教师在语法翻译法的影响下，容易造成一味地按照“填鸭式”“灌输式”的教学模式来授课，没有给学生留出独立思考的余地，也没有让课堂全体成员共同参与教学过程，使课堂没有足够的互动性。

语法翻译法的起源非常早。在 15 世纪，欧洲的学者们为了更流畅地阅读古时候的文献（一般是用希腊语和拉丁语写成的）或撰写专业文章，必须掌握多门语言。当时，翻译语法作为一种习惯自然的模式，已经出现在语言课堂上了。到了 19 世纪初，教育理论和语言学理论逐渐成熟，人们对语言所包含的不同要素的意义都有了更加深刻的认识。在这一背景下，德国语言学家奥朗多弗（H.Ollendorff）在其语言理论中强调了语法的重要性，认为理解语法在阅读理解和文段翻译中发挥着支撑性的作用，由此较为系统地整理了语法翻译法的相关内容，总结出了一套语言理论，自此，语法翻译法成为一种正式的、规范化的教学

① 贺华．英语理论与英语教学研究 [M]．成都：电子科技大学出版社，2017：33.

方法，长期应用于第二语言的教学。语法翻译法的应用历史非常悠久，从 19 世纪 40 年代开始就是欧洲外语教学的主要方法，到 20 世纪 40 年代，该方法依然在欧洲外语教学中占有非常重要的地位。在发展的鼎盛时期时，语法翻译法传入我国，成为我国早期教学法之一。直到语言学家们提出“交际法”并将其逐渐推广之后，语法翻译法才不再保有其绝对主体的教学地位，人们将注意力转向了对学生听说能力的培养。步入 21 世纪之后，教育理论又得到进一步的发展和深化，人们开始重新思考语法对于外语学习所发挥的作用，并再次分析讨论了其重要程度和应占比重。经过不断完善和改良，语法翻译法再一次活跃在外语教学课堂中。关于该教学法的语言学理论基础究竟为何，学术界尚未得出统一定论，相当一部分研究者的观点是：语法翻译法来自于历史比较语言学，也就是存在一种“原始语言”，在历史发展和人类社会变迁中衍生出了不同的语言，但这些语言仍然保持着类似的、有迹可循的语法规律，同时其词汇也能反映近似的概念，只是在基本书写、发音和书面表达上有区别。学生可以互译两种语言及其包含的语法关系，借此更好地理解和掌握目标学习语言。

2. 语法翻译法的主要特点

（1）遵从系统性教学规则

“语法翻译法认为语言是一套通过讲解和句子解析的、与母语相联系的系统规则。语法教学是语法翻译法的中心任务，贯穿于教学活动的整个过程。”[①] 教学中所使用的教材应遵循语法体系的内在规律来安排内容，各种教学活动的效果评价也以掌握语法的程度为标准。总之，所有的教学活动都围绕语法教学而展开，都以掌握本课的语法项目为直接目标，从而形成了非常完整、系统的语法教学体系。

（2）以母语教学为基础

语法翻译法认为母语是英语学习的基础。人们可以根据已有的母语知识来帮助英语的学习。虽然英语和汉语属于不同的语系，但是两者均为语言，毕竟学习语言有共通之处。英语和汉语在知识层面有很多相似知识点。学生在学习新知识

① 徐莉．基于学生能力培养的大学英语教学与技巧研究 [M]．西安：世界图书出版公司，2017：88.

时，可以根据自己的母语知识来帮助新知识的理解和运用。例如，在英语和汉语中，句子的基本类型是大体一致的。学生对于母语的句子类型相对比较熟悉，可以通过汉语的语法知识学习英语语法。

（3）强调教师的主导地位

语法翻译法强调教师的主导作用，教师是教学活动的中心。语法翻译法的顺利实施依赖于教师的指导，教师在教学活动期间对语法知识点的讲解和分析是学生学习的重要方法。语法翻译法主要依赖于翻译手段，在此过程中教师的作用不容忽视，教师的翻译和讲解会在很大程度上帮助学生学习英语。

（4）以翻译教学为主要手段

语法翻译法以翻译为主要的教学手段。知识点要经过翻译来获得。语言教学实际上就是两种语言的翻译活动，教师通过对语言知识的翻译来促进学生对第二语言的理解和运用。语法翻译法强调利用翻译来学习英语，这样的方法更易于学生对知识的理解。

（5）以句子为主要教学单位

语法翻译法主张以句子为教学的基本单位。在教学活动中以句子为基本教学范围，有助于培养学生的语言构造能力，使学生在学习语言知识的同时，能够了解第二语言的基本句子结构，有助于其在一定时间的语言学习之后的语言交流。这样有助于学生将目的语的结构内化，从而提高其英语表达的能力。

（6）以语法教学为重点

语法翻译法强调以语法为教学纲要，采用演绎法进行教学。精细的语法规则和广泛的词汇知识使语言输入更易理解，能够使学生将接触到的各种语言现象系统化，由浅入深地将语言分级处理。有助于学生在语法知识的学习过程中加强词汇知识的理解、利用语法知识将所学习的单一的词汇进行分类汇总，有利于学生语言知识的巩固，有利于学生打好语言基础。

（二）直接教学法

1. 直接教学法的起源及概念

语言直接教学法（Direct Method of Language Teaching），根据其内容和原则

被也叫作“自然教学法”“现代教学法”“反语法翻译教学法”。简单来说，该教学法要求教学者和学习者在外语教学中全程使用目的语，直接开展书面阅读或口头交流，而不使用母语或翻译。19 世纪下半叶，作为旧有的语法翻译法的对应策略，直接教学法出现了。其最早在西欧得到研究和应用（以德国和法国的语言教学最为突出），之后影响范围逐渐扩大。1892 年，德国教育部开始在全国的教育机构间推广该教学法，不过，当时的教育工作者将其称为“新教学法”。“直接教学法”作为正式称谓是在 1901 年，由法国教育部为该方法定名。直接教学法的代表人物有德国外语教学法专家马克西米利安 • 贝立兹（Maximilian Berlitz）和英国语言学家哈罗德 • 帕默（Harold E.Paimer）。

贝立兹对直接教学法的认识和尝试来自一次意外：他在华纳职业技术学院担任法语教师期间，曾因病让自己的助教尼古拉斯 • 乔利（Nicholas Joly）代课。乔利是一个完全不会说英语的法国人，贝立兹很担心他能否与学生们顺利沟通。然而，当他重返课堂时，意外地发现学生们在乔利的课堂上表现得非常积极，一些原本没有法语基础的学生也有了很大的提升。原来，乔利一直在课堂上调动学生们主动参与互动，利用手势、指向对象和语音语调、面部表情来传达意思。贝立兹从中受到启发，决定尝试完全采用目标语言授课的外语教学法，并开创了著名的“贝立兹教学法”。

帕默被称为“英国应用语言学之父”，其主要教学策略为“情景法”（Situational Language Teaching）。帕默主要强调语言学习中的应用，认为学习语言有两种能力：一种是有意识的学习能力，如认字、学拼读、记规则、写作等，主要为成人所有；另一种则是天赋的自然学习能力，即只注重语言内容不注重语言形式的学习能力，儿童尤为明显，成人已逐渐退化。

2. 直接教学法的主要特点

直接教学法的主体观点是：在英语教学中，针对英语词语开展的教学并不是独立的，教师应该考虑词语的深层含义、指代含义等，并将词语自身和它所代表的意象、文化含义等联系在一起。这种联系需要建立在原始语言的直接表达上，不能借助翻译之类的中介条件。因为直接教学法旨在锻炼学生的语言应用能力，鼓励学生用英语开展实时交际。直接教学法表现出以下特点。

（1）使用目标语教学

“所谓的直接教学法，是指通过运用母语学习第二语言的过程，直接使用目标语来进行语言教学。”[①]母语在第二语言的学习过程中会有一定的影响，利用母语来学习第二语言虽然可以在某种程度上降低语言学习的难度，但是由于母语负迁移的影响，会使学生对母语产生依赖或者母语会影响第二语言习得的准确性。因此，要使目标语与客观事物直接建立联系，尽量避免母语负迁移的影响。直接教学法同时还强调运用目标语表达的准确性，有错必纠。

（2）采用归纳教学方式

直接教学法采用归纳教学方式，以“听—联想—实践—掌握”为主要教学模式。该教学过程有利于英语综合能力的培养，听的过程可以锻炼学生听力、语言理解和捕捉重点内容的能力，联想和实践的过程可以增强知识之间的联系，提高运用语言的能力。

（3）强调语言的准确性

直接教学法特别注重语音教学，力求使学生掌握准确的发音。直接教学法认为掌握口头运用目标语的交际能力是英语教学的首要目标，因此它十分注重培养学生的口语交际能力。

（4）强调教学的趣味性

直接教学法强调语言教学活动以及教学内容的趣味性，注意调动学生的学习积极性。学生对于知识的掌握水平很大程度上取决于学习内容是否是其兴趣所在。通常，学生会对自己感兴趣的知识有相对浓厚的兴趣，而对于自己不喜欢的内容则学习效果欠佳。

（5）运用多种教学手段

直接教学法直接采用目标语来学习，有的概念可以通过讲解使学生理解，但是有的概念或知识点如果直接用目标语讲解，会给学生的理解带来困难。因此，在直接教学法中，特定的意义一般采用动作、物体等手段结合语境来表达。

---

① 李浩宇，英语教育与互动课堂模式研究［M］. 长春：吉林美术出版社，2018：155.

（三）听说教学法

1. 听说教学法的起源及概念

听说教学法（Audio-lingual Method）来源于军队教育，最初是 20 世纪 40 年代，美国的语言学家在为军方培养外语人才时设计和总结的一套外语教学方法。听说教学法的主要特征（或者说效用）之一在于，它强调不同句型的作用，旨在快速提升学习者的口语交流素养，因此该教学法有时被称为军队法（Army Method），或者"口语法""句型法""结构法"等。听说教学法重点培养和提升学生听与说的技巧，因此其具体教学方法的开展和课堂授课的形式都离不开对话练习，学生主要在各种模拟对话中练习各类句型。

目前的语言学界基本认同这样一种观点，即听说教学法的理论基础有两种，结构主义语言学和行为主义心理学。在进入 20 世纪 50 年代之后，语言学界依然保持着原先的理念，结构主义语言学研究者依然抱有"口语学习在语言学习中发挥重要作用"的观点。对外语的学习来说，不管是词汇还是句式，其关键都在于实际语境的功能和情感表达。换句话说，就是语言的意义大部分来自于交际本身。语言的交流功能是教师需要特别重视的一个内容，应被安排在语言学习的首要地位。行为主义心理学也是听说教学法的主要理论支撑之一。美国心理学家、新行为主义学习理论的创始人斯金纳，为行为主义心理学在现代的发展做出了突出的贡献。他的主要研究成果"行为心理学的理论"可以概括为"刺激（Stimulus）反应（Response）强化（Reinforcement）"，具体含义是，学习者需要在学习过程中接受一些适当的外来刺激，激发身体和记忆反应。在这些刺激多次重复之后，学习效果可以得到明显巩固，为学生养成良好的语言习惯打下基础。

2. 听说教学法的主要特点

（1）注重句型操练

听说教学法注重语言的整体性和结构性。在英语教学中，听说教学法通常以句型结构为纲，注重句型操练。句子是表达语言含义的基本单位，而句型是从无数句子中总结出来的具体的句子模式，是英语语言成句规律的具体体现。英语教学应促使学生熟练掌握英语的基本句型，培养其根据句型类推出大量句子的能力。听说教学法旨在加强学生的语言意识和造句能力。

（2）以听、说为先

对于任何一种语言都是其声音的形成早于文字，因此根据人类认知规律可以得出在英语教学中必须要坚持先听、说，后读、写的模式。先听、说，然后反复模仿，强化记忆，使学生在不断地重复练习过程中，达到自动化地生成语言的能力。

（3）避免使用母语

在英语学习中，一旦涉及母语的辅助，最后必然会导致学生对母语的依赖，这样不利于英语的学习。英语听说教学法强调的是英语的表达能力，只有大量的口语练习才能有效地促进英语口语水平的提高。在听说教学中大量使用母语就会慢慢地形成对母语的依赖心理，不利于英语的学习。借助母语学习英语的学习方法会在一定程度上降低了英语的学习效果和输出效率。

（4）以教师为中心

教师是教学活动的主要组织者，因此教师在教学过程中对学生听说能力的影响很大。教师是听说教学法的主体，在教学过程中应尽可能多地使学生接触英语听力和口语表达。教师在教学过程中应注重学生听说能力的培养。

（5）充分利用视听教具

随着现代化教学设施的不断改进，学生学习英语的硬件条件变得越来越好。听说教学法相对于其他教学法来说对视听工具的依赖性比较强，同时，视频和音频资料也有助于激发学生的兴趣，增强英语学习的趣味性和生动性，有助于提高英语学习效率。

（6）根据对比确定难点

对于语言学习来说，目标语与学生的本族语之间的差距越小，那么学生的学习难度就越大。听说教学法是以外语与本族语的对比为依据来决定教材中教学内容的选择和编排、教学时间的分配和测试内容的选择。

（四）视听教学法

1. 视听教学法的起源及概念

视听教学法（Audio Visual Teaching Approach）是一种主张视听并用，并以

学习日常会话为宗旨的教学方法。它起源于20世纪50年代的法国，由学者古布里纳提出。它最初应用于成年人外语速成教学。20世纪80年代，该教学法开始应用于对外汉语教学。在教学过程中，视听教学法依赖于计算机教学设备，以视听为首，通过播放影像资料、幻灯片等，引导学生动用眼、耳、脑等感官，将视觉形象与听觉形象结合起来，从而进行听说操练。

2. 视听教学法的主要特点

（1）强调以整体结构作为教学的基础

视听教学法顾名思义，往往将外语听力和视觉图像结合在一起，在教学时配以一系列与教学内容相对应的图画，加上一些具有连贯性的文字说明，同时播放录音，这样一来，学生的视觉、听觉、反应能力、语言能力等都能在有一定联系的情况下得到锻炼，最终发挥整体作用。学生的耳、眼、脑会在学习时以整体的方式感知教学内容和语言材料，帮助学生习得英语。

（2）视听并用，语言和情景紧密配合

视听教学法主张在看图像或幻灯片的同时配合一些音频，使所学的英语内容同情景的意义产生直观的联系，加深学习记忆。此外，图像能够在很多情况下代替母语和书面语，减少此类内容的使用。图像因其生动性和趣味性，更加顺应学生的心理特点，能够很快引起学生的学习兴趣，并帮助学生保持注意力，使他们切实感到学习英语的真实性和实用性。

（3）教学的中心是日常生活情景对话

视听教学法的开展基础是日常生活性质的情景对话，教师基本完全围绕这类对话来开展语言教学。视听教学法会在教学实践中，向学生同时展示真实的语言含义与现实中对应的生活情景，这样，学生会对课堂内容产生强烈的代入感，仿佛在一个真实而自然的情景中对话和交流，而非单方面地接受知识。在视听教学法中，教学活动是完全建立在对话之上的，学生要想通过英语完成预期的交际活动，必须开展对话。

（五）认知教学法

1. 认知教学法的起源及概念

20 世纪 60 年代末，全球经济一体化的发展正值高涨阶段。与此同时，伴随这一趋势而增长的是各国之间的合作频率与国际交流的深度也在不断加大。在逐渐频繁的跨国合作中，跨语言交际能力的意义越发明显，人们必须尝试跨越语言之间的分歧和代沟，相互熟悉，相互理解。在全球一体化的大背景下，个体要想更好地适应社会的变迁和需要，就必须对其他国家和民族所使用的语言有所了解。欧洲各国因其雄厚的经济实力和充足的文化影响力，在国际社会拥有强大的话语权，因此欧洲语言的传播非常广泛，全球范围内的人对欧洲语言的学习需求也不断增加。在各国的中学及高校课堂中，语言的教与学占据的分量越来越重，成为每个国家的教育体系中不可缺少的课程。这样一来，语言教学者就在常规教育工作中承担起了非常重要的责任，需基于种种语言教学理论和固有教学经验，总结合理的教学模式和教学策略，从而实现最为理想的学习效果。值得注意的是，语言教师和学习者在语言教学中承担着同样重要的地位。在以往的语言教学中，教师一般都是课堂的中心，学习者没能确立稳固的主体地位，其学习主动性也没有得到应有的鼓励和重视，所以学习效果经常不尽如人意。20 世纪中期之后，心理学取得更加深入的发展，同教育学的联系也越发紧密，语言学家将二语课堂中的研究重点放在了学习者身上，更加关注学生的自然心理和学习习惯，由此产生了更具有人本特征的“认知教学法”。认知教学法的主要观点是：语言学习的过程必须考虑并包含学习者的内在心理，让心灵在学习过程中得到成长，同时，学习者应在课堂上占据主动地位，主动分析并理解语言习得的经过。认知教学法的主要目的是使学生掌握更“地道”的语言能力，也就是培养基于目标语言的直觉性思维。因此学生也须从错误中总结经验、自我提升，掌握成熟的语言运用策略。

2. 认知教学法的主要特点

（1）对口语和书面语同等重视

在认知教学法看来，口语和书面语是相辅相成、互相促进的，所以口语技能的传授和练习并不一定要设置在书面语之前，教师完全可以同时推进听、说、读、写练习，培养学生的综合素质。

（2）重视语言交际能力的培养

认知教学法注重语言交际能力的培养，所以认知教学法主张课文不能是独立的文字，一定要有与前后文相结合的逻辑。同时，还要适当加入一些直观性较强的教具和信息化的多媒体教学辅助来协同教学，让教学情景更加真实立体，能够投入其中并自然交流。教师需要有意识地构建一个适宜英语沟通的语言环境，引导学生在课上尽可能多地使用英语、融入英语的语言逻辑，让英语教学流程不断趋于深化。

（3）以学生为中心

不同于其他教学方法，认知教学法将研究的重点集中在学生的学习方法上，从而切实地达成教师的“教”和学生的“学”的有机融合。认知教学法秉持这样一种观点：学生的内在因素在英语教学中占有非常重大的意义，特别是学生的心理变化和性格特征，这些甚至能对其英语学习进程起到决定性的作用。因此，为了从根本上提升英语教学的质量，教师应当先从学生的心理、个性和喜好入手，让学生形成端正、稳重的学习态度，树立明确的学习动机，多方面地调动学生对学习的积极参与度，还要开发学生的脑力与智力，使学生掌握科学有效的学习方法。

（4）对学生的错误持容忍态度

对于学生的错误，认知教学法主张采用容忍的态度。认知教学法认为，语言习得是“假设—验证—纠正”的过程，所以出现错误是避免不了的。教师对学生所犯的错误要进行分析研究，把错误作为改进教学的依据，并针对产生错误的原因分别处理。

第三节　高校英语教学的改革

一、高校英语教学改革的原因分析

（一）高校英语教学存在的弊端

1. 教学模式陈旧

教学中一直以教师为中心的传统高校英语教学模式，其衡量教学效果的重要标准是教师备课是否认真、讲课内容是否丰富、讲课是否有条理等。害怕学生听不懂，教师就反复举例说明，讲解语法和词语等；为了让学生更加明白，有些教师甚至直接翻译课文，而不给学生留下思考和内化的时间。为了捕捉更多的课堂信息，学生只是一味地记笔记，被动地跟着教师的思路走，没有参与语言实践的机会，进而使得课堂氛围枯燥、单调，学生也只会用“yes”和“no”来回答问题。

可以看出，陈旧、传统的高校英语教学模式不但约束了学生的自由，限制了学生潜力的发挥，还阻碍了学生英语能力的提高，甚至阻碍了高校英语教学目标的顺利实现。

2. 忽视学生的主体地位

高校英语传统教学的开展原则比较保守，大致上是以教师为主体。所以，传统教学模式的普遍缺陷是学生主体地位的缺失。在教师单方面对教学的掌控中，学生很难获得自主学习的独立空间，也没有精力单独分析自己的强项和弱势，仅仅是一个被动接收知识的附属性角色。但是，从知识掌握的本质来看，任何一个学科的学习，都应该将受教育者的“学”放在首要地位，教育者的“教”永远都是一种辅助性手段。越来越多的教育界学者持有这样一种观点：假如语言教学违背或歪曲了个体发展的自然进程，那么它就不是一个有效的教学过程，理想状态下的教学有必要适应自然进程，否则反而影响和限制个体的学习。所谓的“自然进程”，指的是学生主动接受和寻求知识，成为自发的学习者。另外，传统的教育模式改变了教师和教材与学生之间的适应关系，前者本来应该是主动适应的一方，但从目前的情况看来，反而是学生在尽量迎合教师和教材。

英语与其他学科的主要区别之一，在于它的学科知识有着十分突出的实践性，学生不可能仅凭课堂练习和常规作业就提升语言技能，必须自己通过长时间的实践才能对所学知识有更深入地认识和更熟练地掌握。评判英语教学成果的主要依据是学生的学习效果和学习反馈，至于学习效果本身的实现，很大程度上是由学生的参与愿望和主观能动性所决定的。因此，高校英语教学必须以学生为中心，充分尊重学生的主体地位。不过，这也不是说不考虑教师的责任与义务，教师只是要从台前转到幕后，担负起作为组织者、管理者、鼓励者、合作者和解惑者等角色应有的责任。

3. 与中小学英语教学脱节

在现在的英语教学中，与中小学英语教学脱节成为导致高校英语教学效率低下的主要原因之一。从目前各级院校的英语教学情况来看，很多城市以及其他发达农村地区在学生刚进入小学时，就开设了专门的英语课。就算是在一部分相对落后的农村地区，一般的初中也都开设有英语课程，培养学生打下一定的英语基本功。学生如果从入学开始就接受了系统化的英语教育，那么在步入高校课堂时，就已经积淀了多年的英语学习经验和语言基础，拥有足够扎实的基础知识与英语学习经验。所以，在高校阶段，学生应该开始尝试将所学的英语知识应用于现实场合，在语言实践中全方位地提高自己的英语水平。换句话说，高校学生的词汇基础比较丰富，而且已经掌握了一批语法知识，高校学生应该基于这些条件，让自己的英语水平更上一个台阶，把更多的学习时间用来锻炼自己的语言能力，将所学知识应用于现实生活，而不是过多地耗费时间以记忆基本的词汇和语法知识，或者开展单一的书面练习。但事实却并非如此。目前，很多高校英语教学大纲的制订与中学英语教学大纲的制订缺乏系统性，各阶段教学目的和要求并没有一一对应，所以教学内容中会有重复的情况出现，课程时间的分配也不够合理。

（二）高校学生英语水平存在差距

我国学生从入学起始，便花费大量的人力和物力去学习英语。从高校以四、六级的形式作为统一考核学生英语水平的考试以来，英语更是得到了师生广泛的重视。但是我国学生的英语水平仍没有得到相应的提高。

随着时代的发展，各高校也有了一定的资本为英语教学提供较为高端的设备和良好的教学和学习条件。但是这些为提高学生英语水平的举措，却没有收到预期的成效，学生的英语水平仅限于考试和做题，听说能力较为欠缺，这样的现状和英语教学的目标之间存在着鸿沟。

以应试为主要诉求的英语学习，并不能从实质上提高学生的英语水平。大学本科生经过四年的英语学习，其英语水平甚至可能会出现下降趋势，听说写的能力仍与教学目标之间存在着很大的差距。这一英语学习现象让人感觉到非常无奈。

从客观上进行分析，英语水平和英语教学方式有很大的关系。可以说，目前我国高校学生英语水平普遍低下的问题，大多可以归因于当前英语教学方式的不当。在我国现在的高校课堂上，大多是英语教师唱独角戏，学生的学习接受过程相当被动，在课堂上缺乏用英语进行沟通交流的学习过程，无法从根本上提高学生的英语水平。

二、高校英语教学改革的目标与方向

（一）高校英语教学改革的目标

1. 思辨能力与英语教学改革相结合

高校与中学教育从模式到目标都有明显的不同，高校的教学任务更注重提升学生多方面的能力，具体涉及沟通交流和为人处世的能力、妥善安排人际网络的能力、设计并实行社会工作事务的能力、团队合作能力及思辨能力。所有这些素质中，思辨能力是最重要的一环，同时也是高校教育体系培养的关键方向。要想建设创新型教育、推动现代教学模式的改革，并为大学生就业能力的提升创造有利条件，首先应该着力培养大学生的思辨能力，并将该能力指标纳入高校人才培育质量的评定环节。高校英语教学基于当前全面深化教育体制改革思想的发展趋势，也应当做好迎接全面改革的准备。在制定学科发展方向和规划学科定位时，要将思辨能力作为主导要素之一，把高校英语教学的改革全方位导向更深入的层次，这些都是相当现实而且迫切的发展任务。

发展高等教育的关键意义在于为现代社会的建设提供综合型的人才，这些人才应当兼具优秀的实践能力与发散性的创新精神。所以，向学生教授和巩固专业知识已不是高校唯一的教学任务。除此以外，高校还有必要对学生给予合理的引导，培养其主动探索和理性思辨的能力，这样不仅有助于学生在毕业后步入社会时顺利适应社会现代化的需要，还能够更充分地在工作中实现自我价值。当下，教育界面临着变革的社会形式的深刻挑战，高校英语教育教学工作者也应当充分认识这一点，做好准备工作，时刻顺应教育事业自然前进的内在规律，把握时代的潮流与特征，为教育改革的全面深化贡献力量，突破紧要关口，持续促进课程体系安排、教务工作管理、教学评价体系、教材选修制定等工作的进步，并为教师团队注入更多新鲜力量和新生资源。

思辨能力也叫作完善思维，它是一种多方面的综合性能力，具体涉及基本的认知能力（如分析能力、评判能力、判断能力、规划总结等）和一些情感方面的特质（如理解、尊重、探知等）。具备思辨能力不仅意味着一个人要兼备理论储备和动手技巧，还意味着人要形成一种独立自主的思维。至于其中与语言相关的部分，二者存在彼此成就、内在渗透、相互相响的关系，因此，为了推动英语教育的改革进程，无论是教师还是学生都应该注重自身思辨能力的培养和提升。

2. 确立新教育形势下的教学策略

为了顺应和符合当下社会多元化、个性化以及国际化的发展方向，高校英语教育有必要摆脱原先的教学模式。当前，旧有的“灌输式”教学已经不再适应新时代的教育要求，正在逐渐过渡为“互动式”教学模式。另外，高校英语教师还要调整自身的教育思维，优化提升现有的知识架构和认识体系，改良更替原先的教学观念，采取新颖的、具有时代特征的教学思想。这个过程并不是一帆风顺的，高校英语教师要想尝试新颖的教学方式，必然会受到多方面的挑战，比如新老观点的冲突、教学条件的限制、学生的思维固化等。教学方式是一个复杂的有机系统，它的主要特点在于复杂性和随机性，这些都对英语教师实现教学模式的改革提出了具体的要求，不能单纯照搬理论，必须合理调配信念和情感之间的关系，达到理性和感性充分关联的效果。教师在推动教育改革的实践中，不但要建立起全方位的知识框架和认知积累，还必须具备足够好的心理素质，应对可能遇到的心理落差和现实打击。

在教学环境中，很多因素自身会影响教师的教学理念，而这些因素彼此之间的关联程度同样会促使英语教师教学观念的转变，比如班级、校园、社会之类不同层级的环境系统等。每个人都需要和周边的环境产生关联，无论是出于自身的意志还是他人的要求，都要或多或少地和其他团体、机构等各种层级的环境有所联系，甚至融为一体。但是，个体和机构当然不是完全一致的，每个独立的个体或有机的整体都会拥有自身特异的观点、追求和规范，因此，系统在实现统一协作的过程中一定会出现各种复杂的矛盾，从而在个体和集体间出现分歧。英语教师是英语教学这个宏观系统中的关键组成部分之一，必须主动适应和分析复杂的教育系统，调整自我状态，另外还要照顾多方面的要求和指标，在维系自我平衡状态的同时，逐渐提升作为教育专职人员的职业素养和知识储备。

尽管我国已经就高校英语课程改革推出了一系列政策，也在一定范围内确立并应用了新型的教学模式，然而我们必须承认，当下仍然有一部分高校英语教育未能体现新时代的发展需求，依然沿用着传统的教学理念和授课模式，教师还在一味地看重和强调学生对语言理论知识的掌握，培养其初级思维能力并予以监督考核，这样很难收获最理想的课堂教学效果。在这样的前提之下，尽管教师有顺应高校英语教学全面改革策略的意识，然而依然未能理解“育人”的意义，容易陷入“育分”的窠臼，同时两种理念之间还会出现种种不可避免的矛盾。这主要是因为我国还没有建立起改变传统应试教育模式的合理途径。综前所述，要想大范围推广新型教育模式，就应该调动并协调来自不同领域的师资力量，妥善处理不同的教学资源，让教师尽量快速地适应新的教学模式，融入复杂多变的教学环境中，自然而然地推动高校英语改革的顺利进行。

（二）高校英语教学改革的方向

1. 变革课程建设与教学模式

对于如今的英语课堂教育来说，持续发展更替的网络信息技术可谓发挥着越来越重要的作用。在网络信息技术高速发展的当下，多媒体手段无疑是高校英语课程改革实现新的飞跃的重要力量来源，它的优越性能够帮助高校英语课程体现更多创新性和多样性的特征。高校英语教师应主动寻求和研发全新的教学方法，充分发挥网络信息技术的作用，发掘更多教学案例，与不同地区的教师不受约束地分享交流教学经验，从而有效地开发和应用新型的教学模式。实现优质的师资队伍和先进的网络信息技术的有机搭配，才能为英语教育事业在未来的改良和前进创造有力的支持。另外，还应让英语课堂教学同计算机网络平台共同发挥作用，营造有助于促进英语课堂教学的网络信息有机系统，在潜移默化中改变学生的学习状态，从不同角度入手，改良教学质量和教学效率，为英语课程改革提供经验和力量。

2. 改善英语教学课堂环境

目前，课堂教学依然在我国的高校英语教学中处于主体地位，大部分学生依然借助教师的课堂讲授来汲取主要的英语知识。但是，英语课堂教学不能等同于一个单纯的"学"的过程，"习"同样应该受到师生的合理重视，并且被纳入课堂教学的范畴。高校英语课程在尝试改革的过程中需要认识并突出"习"的重要性，并基于二语习得理论的指导，将其作为核心理论，指挥英语教学活动的开展。教师也并不是单方面授课，而是要和学生展开各种形式的基础性互动，从学生个体的特征和能力出发，按照各自的不同学习能力安排教学任务和指导方向，从而有针对性地掌握和操控拟输入的语言知识，引导学生实现自身认知能力的完善与进步，确保学生拥有稳定、高效而丰富的知识输入。英语教学过程所涵盖的教学内容是多方面的、立体的，教师不能仅仅讲授与某一个语法或某类单词有关的单一知识点，更需要培养提升学生的综合学习素养和应用能力，包括听、说、读、写等，促进学生深刻理解并掌握学习计划范围内及延伸性的英语语法，锻炼学生语言敏感程度和感知能力，从而在语言学习实践中占据更强的自主性，让学生脱离单纯的学习语言的阶段，达到理解语言的程度，实现语言的内在转化。另外，语言文化背景也是语言学习中不可脱离的一部分，在一些和现实应用有关的课堂环节中，教师要有意识地融入文化背景方面的教育，让学生理解词汇和句式的产生背景和实际意义，合理地结合一些和二语习得有关的理论，让学习内容和目前的教学情境有机融合，在此基础上改良学生语言学习的情况，深入激发学生主动学习语言的兴趣。

不过，对当下的高校英语教学来说，学生习得语言的环境并不是唯一的培养方向，学生的情感构成和心理活动同样是一个必须强调的要素，值得教育工作者开展特殊研究。学生的感情思维可以在教师的实际授课实践中发挥主导因素的作用，从而激发一些与其有所关联的语言知识的有效接纳。比方说，为了适当改善学生在接触一门陌生语言时可能伴随的焦虑情绪与生疏感，英语教师可以尝试在教学初期的引导阶段，采用相对幽默生动的方式，引入一些趣味性强的比喻和事例，活跃课堂教学环境的情感氛围，让学生感到更加轻松，调动其积极性，构建一个平易近人、令人愉悦自然的语言学习环境。

3. 英语课程设置与教学团队建设

分析当前的教学构成，可以将我国的高校英语课程分为大概三个类别：通用类英语（也就是比较基础的普通英语课程）、专业类英语、通识教育类英语。刚步入大学校园的新生，尚未完全脱离高中的英语学习模式，在英语交流能力和应用能力方面还比较欠缺，其未能建立多面的语言知识结构，所掌握的语言知识还不符合应用性的要求，因此针对新生实施的高等教育也要拥有过硬的质量，采用特殊化的语言教学来引导学生提高英语水平。考虑到前述的各种情况，高校英语教学工作者有必要在新生教育上投入更多力量，打造完备而细致的、照顾学生个体特点的高校英语教育体系，这一体系的主要确立标准包括学校整体的教育目标、人才培养的具体要求等。另外，还要合理划分普通类英语、专业类英语及通识教育类英语三者之间的分配关系，把握一个合理的课程比例。

现有的高校应该从实际条件出发，针对学生的个体特征和具体需要设计更有针对性的教学模式，在课程的设置上注重细节安排，实施一套完善而全方位的英语课程教学体系。在现有的教育理念及教学实践的关系里，课程设置处在二者之间的关联环节中，同样扮演着非常重要的角色。其主要意义体现在宏观角度：教育工作者依据课程设置来划定教学的范围，选择合适的课程科目。现阶段，我国各大高校都开始实施英语教程改革，而课程内容的深化与设置的改革自然是当中必不可少的一个环节。很多高校越来越重视课程内容和体系的设置，并在这方面投入了越来越多的精力，鼓励教师和学生共同探索其中的教学规律，总结提炼可用的经验，尽可能地在实用性和选择性、现行程式和自行优化之间调整平衡，兼顾课程的多种性质，实现必修课程和选修课程之间的协调、语言教学和文化教学之间的融合、“教”和“习”之间的平衡。教育工作者不仅要建设基础性的高校英语课程框架，还要为后续的辅助性课程投入更多思考和精力，设立符合学生特点、顺应实时发展需要的英语教学课程，设置现代化的高校英语教程体系，体现科学化、实用化的原则。教师是高校英语教育改革实践中的核心力量，承担着革新高校英语教育体制、从根本上拔高总体教学质量的责任，所以，建设高质量的英语教学团队是当前教育改革的重中之重。

三、高校英语教学改革过程中应坚持的基本原则

在英语教学改革中，创新是至关重要的。但是在进行改革的过程中，需要依托于一定的原则和理论，只有这样才能在继承传统的同时，更好地服务于英语教学改革的总体要求。

（一）循序渐进原则

英语的授课和学习过程应遵循事物发展循序渐进的一般规律，即从易到难、从外到内。只要这样才能保证把学到的英语化为己用，避免出现不能把学习到的英语知识运用到实践中的窘况。英语教学和学习的循序渐进主要包括以下三方面的内容。

第一，从口语过渡到书面语。从口语学习过渡到对书面语的学习，对于英语的初学者来说比较容易掌握。所以，学生可以在初步掌握英语口语的基础上，再去学习书面语，这样可以增强学生对英语学习的自信心。

第二，从听说能力过渡到读写能力。在英语教学中，应注意对学生听、说、读、写综合英语能力的培养。但听、说、读、写这四项不同能力的难易不同、因此，教师在教授过程中，应遵循从易到难的原则，先培养学生简单的听、说能力，掌握一些简单的词汇和句子结构，然后逐步进行具有难度的读、写教学，为学生的深层学习奠定好基础。

第三，逐步提高学生的综合能力。英语能力的学习是一个螺旋式发展的过程，需要学习者多次进行训练和巩固。在这种不断的学习过程中，教师要引导学生在复习旧知识的过程学习新知识，从而逐渐提高学生的英语综合能力。

（二）兴趣原则

兴趣是引导一个人走向成功的关键因素。在英语学习的过程中，学生对英语的兴趣决定着其是否可以真正学好英语。现阶段，我国高校大学生在英语学习过程中普遍存在消极被动的情况。但是，这种现象并不是从一开始就如此。很多学生在刚开始接触英语时热情高涨，对学好英语抱有很大的自信。这是因为人对新鲜事物所具有的天然兴趣和好奇心。但随着时间的流逝，大多数学生的英语水平并没有得到提高，反倒使他们对英语产生了厌烦的心理。造成这种现象的原因是传统教学理念的偏差，教学方法过于陈旧，考试体系不能真正考核学生的实际英语能力等。因此，要想从根本上提高学生的英语水平，必须致力于培养学生学习英语的兴趣，兴趣是最好的老师，只有这样，学生才能积极主动地投入到英语学习中去。在这个过程中，英语教师需要注意以下几个方面。

第一，找到学生的兴趣点。只有这样，老师才能在教学的过程中利用这些令学生感兴趣的材料，激发学生学习英语的兴趣。

第二，表扬取得进步的学生。一定的激励举措可以促进学生的有效学习，在学生心中建立良好的反馈。

第三，要注意师生之间的双向互动。实践表明，学生对一个老师的好恶，很可能影响学生对这个老师所授课程的成绩。因此，英语教师要在课堂上营造轻松活泼的授课氛围，在课下多和学生进行沟通。

第四，对教学评价方式进行革新。可以在教学评价方式中引入形成性评价，使学生在注重学习成绩的同时，也要注重学习的过程，激发他们在学习过程中获得新知识的欲望。

（三）灵活性原则

由于语言是一个处于不断发展变化过程中的开放性系统，所以为了保证学生对于英语学习始终充满兴趣，老师同样要注重对灵活性原则的运用。英语教师在教学过程中，应注意以下几个方面。

第一，运用灵活的教学方法；第二，在学习过程中，教师要扮演引导者的角色，指引学生采用灵活的学习方法；第三，在课堂上灵活使用英语。语言的主要用处是沟通和交流。老师在课堂上要自主灵活使用英语，为学生树立榜样，从而在潜移默化中影响学生使用英语。

（四）交际原则

在英语教学改革中，要始终贯彻交际性原则的要求。老师的职责不仅是教授学生有关英语的语法、词汇等基础知识，还要指导学生在实际生活中运用英语。这需要教师在实际授课过程中做到以下几个方面。

第一，正确理解英语教学的性质。英语教师在授课之前，需要明白现在社会所需要和高校想要培养的英语人才并不是应试高手，而是能熟练使用英语的高素质人才。英语教学是一种为了提高学生听、说、读、写能力而开展的综合型课程，所有教学活动的开展，都应该致力于培养学生熟练使用英语的能力。而学生用英语进行交际的能力需要在使用英语的过程中得到提升，只注重对学生理论知识的传授，对于英语教学是远远不够的。

第二，明确英语是一种用来交际的语言工具。归根到底，英语教学的最终目的是培养学生用英语进行学习、工作和生活的能力。因此，在英语教学过程中，英语教师应把交际原则放在首位，培养学生在课堂上和生活中用英语进行交际的能力。英语老师在开展教学活动中，要注意以交际为主要的关注点，在课堂上营造用英语进行交流的学习氛围。

第三，教学内容要和现实生活密切结合起来。英语学习是为现实的学习和工作服务的，因此教学内容要注重和现实生活相结合。在具体教学活动中，英语教师应把语言和学生所关心的话题结合起来，以此来引起学生的关注，激发学生的学习热情。

第四，在教学中创设交际情景。真正具备英语交际能力的人，是能够做到在恰当的地点和时间，以恰当的方式向恰当的人说恰当的话。为了培养这样的高素质大学生，需要英语老师在教学过程中创设交际情景，通过开展不同类型的教学活动来培养学生应用英语的能力。情景所包括的要素主要有时间、地点、参与者、交际方式、谈论的题目等内容。在不同的情景中，由于一些要素的制约，讲话者的内容和语气也会随之不同。同时也会出现同一句话在不同的情景中表意不同的情况。如，“Can you tell me the time？”可能具有两层意思，第一层意思是质问他人迟到的原因，第二层意思是询问时间。因此，在教学过程中，为了使学生对每一句话的表意有准确的理解，英语老师应注意把教学内容置于特定的情景中。英语老师可以利用各种教具作为辅助，开展不同情景的模拟交际活动。同时，教师也可以调动学生的自主性，设计一些具有交流性质的任务型活动，让学生自主完成特定的学习任务，从而在完成任务过程中获得相应的知识。

（五）系统性原则

系统性原则可以帮助学生获得所学知识的系统概念，在大脑中形成相关的知识结构框架，从而更好地掌握所学的知识。因此，在英语教学改革中，也要注重遵守系统性原则。为了使学生得以系统地掌握所学知识，教师需要做到以下几点要求。

第一，系统安排教学工作。这要求教师的教学工作应具有一定的规划，可以通过有计划地备课、有计划地布置作业等来完成。

第二，系统安排教学的内容。为了确保学生可以循序渐进地掌握现阶段应掌握的知识，教师在安排教学内容时，应按照一定的顺序展开。比如，在安排低年级英语教材的教学内容中，要按照圆周式的方式，不要机械地去理解系统性的知识。教师应按照教科书的编排顺序和实际授课的情况，确定讲课的重难点。讲授新的知识点时，要由浅入深，由易到难，循序渐进地进行讲解，以便学生的掌握。

第三，系统安排学生的学习。教师在教学过程中要发挥好引导者的作用，指导学生进行连贯和系统的英语学习，鼓励学生对于英语学习要坚持不懈，要有恒心，同时要树立学生学好英语的自信心。在具体教学实践中，教师通过在课堂上讲解习题的形式，督促学生按时完成学习任务，培养学生日常坚持学习英语的习惯，杜绝学习英语只是为了应试的不良风气。

第二章 “互联网+”时代英语教育的变革

随着互联网技术的逐步发展，互联网对各行各业的影响也在不断地加深，教育教学也发生了诸多的变化。本章节内容为“互联网+”时代英语教育的变革，主要就“互联网+教育”综述、“互联网+”时代对高校英语教学的影响、“互联网+”时代高校英语教学的原则三个方面展开论述。

第一节 “互联网+教育”综述

一、关于“互联网+”的简要概述

（一）“互联网+”在我国的提出与发展

1.“互联网+”在我国的提出

在互联网快速发展并全面普及的社会背景下，“互联网+”的概念应运而生。这一概念在我国最早是由易观国际董事长兼首席执行官于扬提出的。他认为，“世界上任何传统行业和服务行业都应该被互联网改变”。“互联网+”理念是对互联网化的进一步提升，主要是给各个行业互联网化提供一个具体落地的思路。

2.“互联网+”在我国的发展

虽然“互联网+”最初是由于扬提出来的，但是积极倡导并推动“互联网+”的则是腾讯创始人马化腾。2013年11月，在众安保险的开业仪式上，马化腾提出：互联网加上一个传统行业，这代表着什么呢？代表的是一种新的动力，是一种外在的环境与资源，是对这一传统行业的进一步提升。之后，在2015年3月马化腾以人大代表的身份提交了“互联网+”的提案，呼吁社会应该以“互联网+”

作为驱动，对传统产业加以创新、呼吁社会各界将互联网与传统行业相融合，这样才能更深层次地推动我国行业的进步与发展。这就意味着“互联网 +”正式推出。

（二）我国对于“互联网 +”的认识

伴随着“互联网 +”的兴起与发展，社会上涌现出一系列新名词、新概念，而人们在探讨“互联网 +”问题时，首先要问的一个问题就是：互联网究竟是什么？

在社会上，人们对“互联网 +”的概念有多种理解，下面列举几个比较重要的解释。

（1）于扬认为，“互联网 +”是“互联网化”这个概念的深化与提升，给各行各业的互联网化提供了具体的落地思路。

（2）马化腾认为，“互联网 +”是将互联网作为平台，运用信息技术与各行业进行跨界融合，推动传统行业的转型与升级，并不断创造出新的产品与模式，构建新的业态。

（3）阿里研究院认为，“互联网 +”是以互联网为主的一系列的信息技术在社会生活、经济等各个层面的应用。

（4）雷军认为，“互联网 +”是运用互联网的思维，与实体经济紧密结合，从而促进实体经济的增值与转型。

（5）国务院在相关文件中指出，“互联网 +”是将互联网的成果与社会经济各个领域融合，推进技术的进步、效率的提升，提升生产力，形成以互联网作为创新要素与基础设施的经济社会发展的新业态。在这个概念中，“互联网 +”被定义得更为全面。宏观层面，从实体经济发展的角度考虑互联网对经济社会的影响和推动；微观层面，从技术进步、效率提升和组织变革的角度思考互联网与各领域的融合创新。

在对“互联网 +”进行解读时，要明确一点，这里的“+”不是简单地相加，而是强调基于以互联网为代表的信息通信技术与平台，引导与推动互联网与传统行业进行深度融合。在“互联网 +”下，各行各业正与互联网进行深度融合。首先是各行业要抛弃自己对互联网的成见，转变自己的思维观念，要在意识上实现“互联网 +”。其次要充分认识到“互联网 +”是一种趋势，是一种方向。同时更要深刻地认识到互联网只是服务于各行业而不会取而代之。因此，各行业要有主动去接纳、拥抱和融入互联网的勇气和气度，要有一种与互联网融合的胸怀和胸襟。

但同时也要清醒地认识到“互联网 +”没有固定的模式、套路，它只是给各行业提供一个互联网化落地的思路。“互联网 +”不是万能的，它不是包治百病的灵丹妙药。各行业及服务在与互联网进行跨界融合时，要善用互联网思维去观察和思考，认真研读自己的产品和服务所具有的跨界融合能力，切忌生搬硬套，更不能将“互联网 +”理解为“+ 互联网”。“+ 互联网”仅仅是将行业及服务与互联网进行连接，这是一种浅层次的融合，与“互联网 +”的深度融合有着明显区别。

（三）“互联网 +”的优缺点分析

1.“互联网 +”的优点

作为互联网的升华和发展，“互联网 +”时代具有跨界融合、创新驱动、重塑结构、尊重人性、开放生态、连接一切六大特征。除了跨界融合和创新驱动“互联网 +”还具有以下四个基本特征。

（1）重塑结构

在“互联网 +”时代，其一大时代主题就是颠覆、改革。在这个崭新的时代，过往的一切结构、模式都变得陈旧和落后，已经很难适应当下的市场竞争和时代发展。因为在传统企业占据主流的时代，整个经济市场讲究的是小圈子模式，是小规模组织，而在“互联网 +”时代，跨界融合成为每个企业必须面对的挑战，以往的小圈子模式、小规模组织根本无法打造出竞争优势。而要想达到这一目标，就唯有重塑结构。所以，“互联网 +”时代将会倒逼企业重塑结构，进行组织改革和创新，为企业注入更多的新鲜血液和互联网基因。

无论是互联网企业还是各行业都要充分地认识到，在“互联网 +”模式下的融合并不仅仅是某领地的跨界或者某行业的延伸，而是其组织系统的重构，这就要求各行业要有系统重组的能力。为此，各行业包括互联网不仅要优化自己的内部组织系统，更要优化外部的资源生态系统，使双方更具有亲和力、协同性和融合力。只有这样，“互联网 +”各行业才能深度融合，并形成创新驱动。

（2）尊重人性

“互联网 +”时代尊重人性的特色，主要体现在用户体验这一点上。只要能给用户提供最好的体验，那么在尊重人性这一方面就是成功的。我们常常会看到有些火爆的餐饮企业每天都有那么多人排队，而很多客户哪怕多等半个小时也无怨无悔。这是为什么呢？这是因为这些企业尊重人性，懂得用卓越的用户体验来获得消费者的青睐。

（3）开放生态

在 " 互联网 +" 时代，移动终端、物联网和云计算的发展，打破了传统各行业的领域边界范围，使得各种信息共享和资源共享成为现实。可以说“互联网 +”时代的经济就是共享（分享）经济。当前，共享经济这一模式已经在人们的消费、生产等多个领域渗透，并且成为创业者的一大选择。无论是营销策划、物流快递、生活服务，还是交通出行等领域，都已出现共享经济模式。这也促进了产业的不断创新与升级。

（4）连接一切

在“互联网 +”时代之前，万物是机械式的拼接在一起的，“互联网 +”出现以后，社会上形成了以互联网为万物的连接基础。互联网赋予万物一种无形的力量和空间，利用无边的信息纽带将万物紧密地连接在一起，实现了对万物的连接、改造和升级。

产生这种现象的原因是，“互联网 +”的基础作用是连接，它所连接的，既可以是传统产业，使其重新获得发展活力和成长性，也可以连接更加超前的新业态，实现自我更新和自我完善。简单来说，“互联网 +”就是实现全产业链的无缝连接。没有连接，就没有跨界，更没有融合，也就谈不上“互联网 +”。可以说，连接的泛化性是 " 互联网 +" 时代最显著的特征。

2.“互联网 +”的缺点

上述论述了很多“互联网 +”的益处，但是不得不说，互联网也是一把双刃剑，有利必然有弊。“互联网 +”对一些传统观念、道德理念的颠覆会对人们的价值观、人生观产生不利影响。尤其是互联网上存在一些网络色情、网络暴力等，这些都不利于青少年的成长。另外，“互联网 +”对于名利、金钱等的夸张与炫耀，会使人们增加一种失落感，甚至会产生仇视与愤恨。也就是说，如果任由互联网任意发展，可能会造成社会秩序的混乱。

（四）“互联网 +”给中国高等教育带来的机遇与挑战

1.“互联网 +”给中国高等教育带来的机遇

（1）“互联网 +”让大学教育从封闭走向开放

“互联网 +”打破了权威对知识的垄断，让教育从封闭走向开放，使得优质的教育资源不再局限于少数的名校中，人们不分国界、不分年龄都可以通过网络接触到最优质的教育资源。在全球开放的时代下，正在加速形成一个全球性的知识库，通过互联网，人们可以随时随地从这个知识库中获取各国各地区优质的学习资源。

在我国，教育尤其是高校教育的质量具有较大的差距。进入高校之前，虽然城市之间与城乡之间不可避免地会出现师资力量的差距，但是由于总体上大家接收到的都是基本一样的标准化教育，相互之间的差距并不是非常明显。但是，高校教育却与之不同，同一个专业在不同的学校开设的课程是不一样的，培养方法也是不一样的，再加上学校开设课程时间的长短及教师对于课程方面研究的程度、课程解读的不同，都会达到不同的教学效果。

通过互联网，高校学生不仅能够通过网络接触到 985 等重点高校的教育资源，同时也可以跨地域跨时间段针对一个知识点反复进行学习，加深对知识的理解，不至于在短短的 45 分钟或是一个小时的课堂上强行接收所有的知识点，且不用担心知识点的遗漏，知识获取的效率大幅提高。这也为终身学习的学习型社会建设奠定了坚实的基础。

（2）“互联网 +”降低了学生接受高校教育的成本

“互联网 +”出现后，高校学生能够通过较低的成本得到更优质的教育资源，从而促进更多的学生去主动学习，避免了很多由于家庭贫困而上不起高校的学生得不到优质的教育的问题。高校日趋增长的成本难以为继，尤其是在高校教育全球化日趋增长的情况下，更是如此。所以，借助网络实施高等教育的做法才会迅猛发展，这种方式更加经济、高效。

（3）“互联网 +”改变了高校教育的教学模式并加速了教育的自我进化能力

通过互联网，使得教师和学生的界限不再泾渭分明，改变了传统的“以教师为中心”的授课形式，使其转变成“以学生为中心”的授课形式。在“校校通、班班通、人人通”的“互联网 +”时代，学生获取知识已变得非常快捷。因此，教师必须调整自身定位，让自己和学生成为学习的伙伴和引导者。互联网中的用户思维指的是在价值链的各个环节都要“以用户为中心”去思考问题，根据用户的需求进行服务。在“互联网 +”时代下，教师应利用大数据分析学生的特点，准确分析学生的兴趣爱好、认知水平、接受能力等，然后在此基础上因材施教。

在传统的教学系统中，我们的出发点和落脚点都在考试和升学，对于人的发展则关注得比较少。个体之间缺少差异性。但英国著名教育理论家怀特提出，教育的目的是激发和引导学生的自我发展之路。也就是说，充分调动人的主体意识，使学生在学习、发展过程中变“被动”为“主动”，产生积极主动的心理状态，从而提高自身的认知水平和学习效率。而“互联网 +”时代则正好强调的就是主动性和创新性，通过提升学生的主动性来提升教育的能力。

首先，“互联网 +”进入现有的教育体系之后，打破了原有的教育体系的平衡，敲开了教育原本封闭的大门，为传统的教育体系提供了新的知识信息源泉，使得原有的学生子系统能够更为快捷和方便地与外部的大系统进行知识的交互，获取信息，因此推动了学生自身知识的增长，从而推动教育的自我进化能力。

其次，互联网的虚拟环境能够为学生创造一个拟真世界，学生能够利用互联网从三维的视角去认知、探索世界。陶行知认为，学习应该是实践与认知相结合的过程，而非沉浸在书本中，但是我国传统的教育却是一味地学习书本的知识，甚至是学习过时的知识，所以才会出现所谓的“纸上谈兵”的现象。而“互联网 +”的时代，学生能够通过网络中的拟真世界进行一些相应的实践，并随时根据网络的信息更新知识，如管理专业的学生能够通过网上进行沙盘模拟获知与企业运营相关的知识等，由此加强了学生的实践操作能力。

2.“互联网 +”给中国高等教育带来的挑战

进入 21 世纪，互联网的广泛应用和普及对人类的文明和社会的进步带来巨大冲击，促进了人类学习方式、方法和习惯的改变。由此可见，随着“互联网+”时代的到来，中国的高校教育必将面对新的挑战。

（1）“互联网+”使中国高校教育面临市场化的冲击

长期以来，高校一直被认为是知识和学习的中心。其间，尽管科技手段带来了巨大的社会变革，如活字印刷、工业革命、电报、电话、无线电、电视机和计算机等的发明和使用，而高校生产和传播知识、评价学生的基本方式一直未变。有一种观点认为，正像那些以信息为核心的产业（如新闻媒体、报纸杂志、百科全书、音乐、动画、电视等）一样，高等教育很容易受到科技的破坏性影响。知识的传播已不仅仅局限在高校校园，云计算、数字课本、移动网络、高质量流式视频、即时信息收集等技术方面的进步已将大量知识和信息推动到“无固定地点的”网络上。这一现象正激起人们对现代高校在网络社会中的使命和角色的重新审视。有关高校未来的争论，一个主要的驱动因素集中在它已陷于四面楚歌的商业模式上，学生和家长们为不断飙升的学费而苦恼，他们越来越质疑自己对高等教育学位的负担能力，以及学位作为求职证书的最终价值。

无论是否存在争议，高校已经发现竞争对手正在侵蚀自己的传统使命，它们包括营利性高校和可汗学院等非营利性学习组织、系列讲座的提供商、网络课程在线服务机构，还有为特定行业和职业提供指导和认证服务的大批专业培训中心。与实体教育机构相比较，它们都能更快捷地提供规模化的网上教学服务。

（2）“互联网+”使中国高校教育面临国际化的冲击

事实上，经济全球化的迅猛发展，使得人力资源和物质资源在世界范围内的跨国、跨地区流动成为新常态。这种资源的流动已经渗透到教育领域——教育要素自发在国际流动，教育资源自发寻求优化配置，世界各国间的教育交流日益频繁，竞争更加激烈，形成了教育国际化的大趋势。

从方法论的角度讲，教育国际化，就是用国际视野来把握和发展教育。从各国的教育国际化实践来看，教育要素在国际上的流动，最早始于各国高等教育之间，并由此波及中等教育、基础教育、职业教育等领域。

（3）“互联网+”使普通高校面临缺乏优质生源的挑战

互联网将最优质的课程以一种近乎免费的方式提供给广大高校生。2010年在海地地震之后成立的“人民高校”，就是互联网教学的雏形。在这里，学生能够免费或是缴纳少部分的学费进行学习从而获得学分。如果教育一直遵循这一模式发展，并且互联网教育也达到一定的发达程度，同时还有条件为学生提供具有广泛的社会认可度的证书，那么就有很多学生可以获得更多机会。在互联网平台的加持下，学生即使没能正式获得目标院校的入学资格，也不必按照传统的渠道“退而求其次”，进入一些不够理想的普通院校，乃至被迫学习一些原本不感兴趣的专业。学生可以在互联网平台上接受更多高水平高校的网络公开课，了解自己感兴趣并且真正需要的知识，同时凭借网络认证获得社会的广泛认可。一旦互联网教育也获得了认证资格，能像正式的高校一样颁发学位证书，而且面向全体学生提供自主选择专业的权利，那么传统高校行业势必受到强大的冲击，地位不复如前。长此以往，资源较为薄弱的普通高校一定会面临严重的优质生源缺乏危机。

（4）“互联网+”使高校生受到学习碎片化的影响

有学者认为，学习者可以利用网络获取一些零碎的知识进行学习。碎片化学习资源具有短小精悍、结构松散，传播迅速、生命周期短，去中心化、多元化与娱乐化及多方式表达、多平台呈现的特点。也正是因为这些特点，导致学生对网络学习产生障碍。

首先，碎片化知识短小精悍、结构松散，这促进了学生认知方式的转变，对新知识的呈现形态提出新的要求，学生适应了简短的信息阅读方式，可能会对较长的信息和图书阅读产生不适感。长期以来，我们受到的高校教育都是系统的知识教育，而结构松散的知识要求学生能够对知识进行加工建构，如若不行，学生就会产生认知方面的障碍，甚至以偏概全。

其次，碎片化知识传播迅速、生命周期短，这样就对学生的记忆能力提出了一定的要求。

最后，碎片化信息去中心化、多元化、娱乐化等特点，导致学生的思维不能集中，产生思维跳跃。

同时，大量碎片化知识和信息唾手可得，而且其中大量的信息内容空虚、缺乏价值甚至是毫无价值的，学生如果对于这类信息不加以思考全盘接受，就会导致思维活动空洞，毫无深度可言。在传统的学习模式下，学生一直接受的是填鸭式的教育，对于知识实行的是全盘接收，不需考虑其他。但是，在“互联网 +”时代，却需要学生对知识信息进行加工处理，而这对于学习能力不足、信息加工处理能力不足的学生来说是一个巨大的挑战。

（5）“互联网 +”使高校生受到心理健康和人际关系的双重冲击

由于技术发展不平衡的原因，网络上英文信息较多，而且发达国家也较早从事互联网的教育工作，导致现在网络上比较有名的几个互联网教育机构或是雏形都是国外的产品。这样一来，我国学生尤其是高校生在接受了一些比较前沿的科学知识的同时也受到了国外的文化影响，甚至是不好的文化影响，产生了对自己国家教育的不满，认为“外国的月亮比较圆”。

最糟糕的是，少数发达国家凭借对网络高技术的垄断，极力推行网络霸权主义，通过互联网大力宣传西方文化的同时还宣扬一些暴力和黄色信息，致使在高校之前较少接触网络的高校学生，表现为青春期的萌动，导致心理扭曲，造成不良影响。

与此同时，虚拟性是互联网的一个重要特点。在互联网中一切事物都是虚拟的，然而正是这一特性，使得学生有了虚拟的身份，而现实中的人际关系却变得冷漠起来。传统的教学使学生在集体环境中生活，参与多样化的集体活动，在与同学的交往过程中，无形地培养了他们的群体意识、集体主义观念和团结协作精神。而网络环境是一个相对自闭的环境，纯粹的网络学习是通过一套网络设备完成相互交流的，这样人与人之间直接交往的机会急剧减少，教师与学生之间的情感不能直接被感受到，教师与学生之间仅仅是通过 QQ、微信、E-mail 等网络通信工具进行交流，导致人与人之间建立的关系是一种虚拟的、不现实的关系。这种虚拟的关系，使得学生的群体意识淡薄，不利于健康个性及人格的发展，不利于人与人之间的协作共事、共同生活。

二、我国“互联网 + 教育”的产生背景

我国曾将信息技术教育通俗地称作“电化教育”。这个名词是我国独创的，萌芽于 20 世纪 20 年代，起步于 20 世纪 30 年代。电化教育的发展经历了漫长的历史过程，大概可以将其划分为以下几个阶段。

（一）诞生阶段

20世纪30年代以前，我国信息技术教育的发展与应用主要是受西方信息技术教育在我国西式学堂应用的影响。与同一时期的西方教育的教学应用相比，应用范围小，技术应用落后。

在诞生阶段，我国就存在将无声电影、幻灯、无线电播音等运用到教育中的现象。早在20世纪20年代，陶行知先生就曾在教学中尝试运用幻灯；在无声电影制作、幻灯放映方面，南京金陵大学也做了很多试验。此外，还有一些单位在这个领域做了不同程度的尝试，如上海“商务印书馆”、镇江“民众教育馆”等。

（二）初步发展阶段

1932年，“中国教育电影协会”在南京成立，主要参与人员是我国教育界人士。此后，电化教育工作刚开始流行于民间。随着民间活动的盛行，官方当局于1935年开始对电化教育工作进行规划和实施。

1936年，视听教育被统称为“电化教育”，出现在《学校生活》杂志中，这是由美国联邦教育署出版的。同年，“电影教育委员会”和“播音教育委员会”成立，同时“电化教育人员训练班”在金陵大学开设，“电化教育”一词首次被正式使用。

1940年成立电化教育委员会，其实就是“电影教育委员会”和“播音教育委员会”的合并。当时，教育界有识之士为促进电化教育在我国的进一步发展而进行努力探索，专著《有声教育电影》的出版、周刊《电影与播音》《电化教育》的发行、“电化教育系”的创设以及“中华教育电影制片厂”的建立等都是努力探索的成果。但当时我国贫穷落后，很难大规模地对电化教育进行推广。20世纪30年代，我国现代教育技术进入课堂，标志着我国现代教育技术正式起步。

我国电化教育从新中国成立到20世纪60年代初获得了初步发展，具体从以下几方面表现出来。

首先，幻灯、电视、录音、唱片、无线电播音、电影等越来越多的电教手段被不同程度地运用到教育中，如华东师范大学试办上海电视大学，采用电视授课。

其次，电教手段在各类教育中都得到一定的普及，如中小学教育、大学教育、成人教育等。

再次，出现专门对电教教材和电教设备进行生产的产业，批量生产开盘式录音机、电影放映机、幻灯机等电教设备，几家幻灯制片厂、科技教育电影制片厂成立，一批教学电影片、幻灯片被制作出来，并被运用到学校教学中。

最后，一些地方成立专门机构推动电化教育的发展，并建设了电化教育的相关队伍，虽然规模较小，但他们非常热衷于为我国电化教育的发展做贡献。1945年，苏州国立社会教育学院建立电化教育系，这是我国最早的现代教育技术系。

中华人民共和国成立以后，为了适应当时社会教育的需要，宣传党的方针政策，深入学校教育，改进教法，提高教育质量，我国开始推广试用新的教育技术。

1951年，北京辅仁大学开设电教课程。其为中华人民共和国成立后第一个开设电化教育课程的学校。

随后几年，我国一直进行现代教育技术的教育实践尝试，并逐步推进现代教育技术在课堂上的应用，不仅在教学硬件设施上有所发展，还促进了教学模式的发展与变革，如创编广播函授学校、成立电视大学。

（三）迅速发展阶段

我国电化教育在20世纪70年代中期到20世纪80年代末期发展迅速。20世纪70年代中期之前，由于各方面因素的影响，我国电化教育的发展十分缓慢，直到20世纪70年代后期，电化教育才重新在我国起步，发展速度也不断加快。

我国相继成立电化教育委员会、电化教育委员会办公室来专门发展电化教育，电化教育馆（站）在全国各地纷纷建立，电教中心在各高等院校建立，电教室（组）也逐渐出现在很多中小学中。随着电化教育的发展，电教设施在中小学的配置越来越完善，专用计算机房、语言实验室、电化教室等更高级别的电教设备在发达地区的中小学中不断出现，投影机、录音机和银幕几乎成了每个教室的标准配置，甚至计算机多媒体设备、闭路电视也被运用到一些学科的教学中。

随着电教教材、电教设备等建设规模的扩展，有关单位几乎针对中小学中的所有学科对计算机教学软件、投影幻灯教材或录音录像教材等进行了编制与设计。在各学科的教材改革中，建设电教教材是一项主要任务，对电教教材的制作要有组织性、计划性，要根据纸质教材配套制作，然后在各年级逐步推广，投入使用。

20 世纪 80 年代，随着“电化教育”名称之争的出现，电化教育的学术气氛越来越活跃，电化教育理论也越来越充实、完善。改革开放后，随着一系列政策的实施，我国出现了翻天覆地的变化，在教育技术领域主要表现为国际学术交流频繁，我国利用交流的机会不断引进国外教育技术研究的新成果和发展的新经验。国外教育技术以系统方法为核心，对我国电化教育发展具有重要的影响，具体表现为对理论概念、发展理念以及研究方法等方面的影响，从此我国对这个领域有了新的认识，并从新的角度进行深入研究，这些研究呈现出综合化、深层化的新趋势。

“深入课堂，深入学科”是电化教育在这一时期发展的一个特征。电化教育以课堂教学为中心，取得了较快发展，各地投入这项实践的学校和教育工作者越来越多，于是便形成了以下特征。

第一，在电化教育开展过程中，一线教师成为不可或缺的主力军，开展电化教育直接关系着教学任务能否完成、教学质量能否提高。

第二，电化教育不仅是简单地运用电教媒体，而是在整个课堂教学过程中贯穿电化教育。电化教育中要做的工作、要完成的任务丝毫不比一般课堂教学轻松，一般课堂教学中要做的事、要完成的任务，通常在电化教育中也要做、也要完成。不同的是，电化教育是将电教媒体引进课堂教学中，所以在一般课堂教学中没有的现象反而会出现在电化教育中；电化教育也要参考一般课堂教学的设计原理，对课堂教学进行改进，提高教学质量与效率。

第三，教育工作者不再单独采用某一电教媒体进行教学，而是在整个教学过程中应用多种电教媒体，并处理好相互关系，电教媒体被重新定位，在整个教学设计中都或多或少存在电化教育的痕迹。

第四，电化教育在教学工作的各个方面逐步渗透，而不是简单地特指一些电化设备、电化教育媒体等的应用，整体教学改革、教学效益与电化教育直接相关。

（四）深入发展阶段

从 20 世纪 90 年代至今，电化教育在我国处于深入发展阶段。随着教学领域中对多媒体计算机和网络技术等的大量运用，电化教育在我国的发展越来越迅速、层次越来越深。“中国教育与科研计算机网”的开通将百余所高等学校与一些拥有较好电教设备和较强技术力量的中小学校联系起来，这有力地推动了我国互联网教学的发展。

随着现代技术的不断发展，我国在教材建设中越来越重视音像电子教材的制作与编排，主要载体有幻灯、投影、视盘、录音、计算机软件、录像等。我国教育软件市场的基本形成是在1995年。《中小学计算机教育软件规则》（1996—2000）于1996年9月颁布，明确提出“九五”期间我国研制与开发计算机教育软件的主要目标和主要策略。1996年，我国“九五”重点科技攻关项目中新增“计算机辅助教学软件研制、开发与应用”项目，我国投入巨额资金来开展这个项目。

视听教育媒体的理论与应用研究在很长时间内都是我国现代教育技术的研究重点，但从20世纪90年代后，多种媒体组合运用和学习过程的研究，尤其是关于教学系统设计、开发、评价、管理的理论和实践研究成为新的研究重点，我国在这方面做了大量的研究工作。能体现出这些研究重点的研究项目有“电化教育促进中小学教学优化课题实验”“电化教育促进中小学由应试教育转向素质教育的实验研究”等，这些研究取得了良好的成果，对教育、社会都有积极的影响，而且也使我国教育教学的深化改革取得了显著的成就。这些研究也呈现出以下几点明显的特征：第一，对教育教学改革的研究是深化教育改革的重要举措和突破口；第二，重视研究教育教学中信息技术的应用；第三，重视学习理论在教学系统设计中的应用；第四，研究方法规范化、多元化。

当前，我国教育教学的深入改革与科学发展离不开现代教育技术的推动，教育工作者要将现代教育技术作为一门必修课来认真学习。现阶段，我国在教育教学研究中对整体教学效果更为关注，对现代教育技术在一节课、一个教学单元及一门学科中产生的影响进行深入探索与研究。同时，教育工作者对现代教育技术也有了更加全面、深入地认识，并在科学认知的基础上发挥现代科学理论和方法对教育教学的指导作用。需要注意的是，教育技术不仅要解决教学的局部问题，更要解决教学改革的整体问题。

（五）“互联网 + 教育”阶段

早在 1996 年，清华大学王大中校长就提出了发展现代远程教育，并于 1998 年推出了网络版的研究生进修课程。同一年，教育部也在一些重点院校进行了试点，通过推广，给教育带来了新的契机。

为了更好地推进教育创新、改革教育、促进信息技术在教育中运用，教育部于 2003 年启动精品课程，提倡学生应该自主学习，增加高校的投入，构建精品课程体系。

2008 年，互联网与教育的结合出现了全新的开放式课程模式，就是所谓的慕课，这一模式得到了很多学者的认可，并将“互联网 + 教育”推向一个新的高度。现在，“互联网 + 教育”的手段有很多，如慕课、微课、翻转课堂、线上线下混合模式等，这会在后面章节做探讨，这里就不再赘述。

三、“互联网 + 教育”的内涵与特点

（一）“互联网 + 教育”的内涵

首先，以互联网为依托。从本质上说，教育的过程是由信息的产生、选择、存储、传输、转换以及分配等一系列环节组成的系统工程。在这个工程中所采用的多媒体技术、电子技术、信息处理技术、网络通信技术等各种先进技术都属于信息技术。在教育中引进这些技术，可使信息传播速度更快，教学效率更高。当今社会，知识迅速增长，在这个环境下，教学效率备受重视，教学质量的提高首先需要提高教学效率。

其次，强调以学习者为中心。以学习者为中心是信息技术教育学科强调的一个重要观点。具体表现为：在确定教育目标时，使社会的要求、学习者的需求都得到满足，鼓励学习者发展的多样化；在选择教育内容时，要以学习者需要学和适合学的内容为主；在选择教育方法时，鼓励学习者自主学习和小组合作学习，培养学习者的合作能力、团结意识、人际交往能力等非认知技能，使其更好地适应生活；在安排教育形式时，以灵活的形式为主，与学习者的学习、生活相协调，巩固终身教育的地位。

最后，使教育资源的配置更加合理。互联网的普及使得社会成为一个密不可分的整体，学习者可从自身的学习目的、学习需求出发对学校、课程及教师进行自由选择，学校之间、学校与社会之间逐渐失去了明确的界线，社会教育资源将因学习者的需求而合理分配，人为因素的影响会越来越弱，社会人力、物力、财力等资源将会得到更加充分地运用。

（二）"互联网+教育"的特点

互联网在教育中的应用是非常广泛的，通过对学习过程和学习资源的高效开展与利用，直接推动了教育的发展，并表现出"互联网+教育"发展的时代特征。具体表现如下。

1. 以学生为本

教育是为了培养符合社会发展的高素质人才，满足社会发展的要求，因此在教育过程中，非常注重学生的发展需求，并鼓励学生个人发展需求与社会发展需求的统一。

在"互联网+教育"背景下，教学过程的开展不是要考虑教师应该教什么和如何更好地实现教师的教学，而是要将教学思考的重点放在学生需要学什么和如何更好地促进学生的学习方面。互联网技术的使用就是要更好地促进教师的教学过程的顺利开展，最终实现学生的身心健康发展，为学生的发展需要的满足服务。

2. 凸显教师

技术的发展依赖于人的创造，技术的应用依赖于人的实施在教育技术发展过程中，技术的创造、创新与应用越来越重视人的作用。

在教育过程中，教师是一个非常重要的角色，也是最重要的教学资源。随着互联网技术的发展，教育对教师的要求越来越高。人工智能的发展虽然可以"代劳"教师的一部分工作，但是，教育依然离不开教师的参与。教师的作用是不可替代的。

现阶段，随着社会发展对教育要求的提高，对教师的素质要求将会更高。教师实施教学，不仅仅是教学知识直接向学生的输出，教师在教学中对教学技术的应用水平也直接关系到学生的知识吸收与掌握程度。优秀的教师能选择和应用最佳的教学技术与教学技术组合，从而为学生提供丰富的学习资源，引导和促进学生的知识体系构建。

新时期，随着互联网技术和人工智能技术的飞速发展，“互联网 + 教育”在教育实践中的应用，更应关注人的因素，包括教学技术的实施，也包括新的教学理论、思想观念、方法等的引入。

3. 可选择性

“互联网 + 教育”的发展是与新时期的科学技术的发展不断相适应的，教学技术对教学的发展促进使得学生和教师有了更多选择，在教学技术应用上表现出不同教学技术的“适者生存”。

每一次科学技术的发展都是一场科技革命，在新的技术革命中，会有各种新技术被提出并用于教育实践，哪一种技术的教学应用最有效，就能被最终保留下来，并进行广泛的教育推广。

在这里必须指出的是，信息技术教育的技术选择性更多地表现在有形的物质教学技术上。例如，在美国，1924 年诞生的教学机器，发展到 20 世纪 60 年代多达 83 种，但随着 PC（个人计算机）的运用，很多教学机器都被淘汰掉了。先进的教学思想、教学方法的影响会持续发挥作用，并不会在新思想提出之后被否决。

4. 非替代性

“互联网 + 教育”的非替代性具体是指教学技术的发展是非替代性的。任何事物的发展过程都是一个“以新换旧”的过程，都是新思想、新方法、新工艺、新技术对旧的思想、方法、工艺、技术的代替。但“互联网 + 教育”的发展并非如此，一个新的教育技术出现以后，旧的教育技术并没有马上退出历史舞台，就如同当前信息化时代，多媒体教学技术（幻灯片、投影或者电视辅助教学）、网络教学技术（利用多媒体计算机网络为核心技术进行教学）不断发展与更新，但是传统的教学形式依然存在，并且始终发挥着不可替代的重要作用。“互联网 + 教育”的发展是一种累积性的发展，并不是后一阶段的技术体系简单地替代前一阶段的技术体系。随着“互联网 + 教育”的发展，教育体系内容日渐丰富、教学手段日益多样化，教师和学生在课堂上有了更多的选择。

四、“互联网 + 教育”的核心与本质

其实在“互联网 +”提出之前，互联网教育已经有了近 10 年的发展历史，这表示即使政府不制订“互联网 +”计划，“互联网 + 教育”模式的探索与尝试也已经展开。大数据、云计算、互联网……逐渐与教育相结合，教育的形态被“智能”的力量重塑，可以说，教育行业已经实现了互联网化。互联网成为教育变革的一大契机，但是它只是针对传统教育的升级，其目的不是去颠覆教育，更不是颠覆当前学校的体制。基于此，“互联网 + 教育”的核心和本质就是基于“互联网 +”技术，实现教育内容的持续更新、教育模式的不断优化、学习方式的连续转变以及教育评价的日益多元化。

五、“互联网 + 教育”的应用与发展

（一）“互联网 + 教育”具有可行性

从其形成和本质来看，“互联网 +”体现了一种新的经济形式：随着信息技术的发展与壮大，现代社会的生产要素配置越来越离不开互联网的协助，需要通过信息手段来完成优化和集成程序，让经济社会各领域都能够从互联网的创新成果之中获益，建设信息化程度高的运行方式和运转流程，为实体经济注入新的生命力，体现创新性，从技术层面提升生产力，将互联网手段作为基础设施与实施工具，打造一种更具有普遍意义的经济发展新态势。

教育工作者在尝试互联网与教育工作结合时，要实现的并不是单一的“物理”叠加，而是要引发一系列“化学”反应，使互联网要素与传统教学模式的融合更加自然，体现创新的观念，以创新作为起跳板和关键词，充分彰显“互联网 +”的意义。在将“互联网 +”的概念引入教育工程时，不能忽视教育的本质：它并非纯粹的“塑造”工程，而应该是一个顺应天性、潜移默化的流程；教育不是一味地灌输知识，更为重要的是受教育者作为自然人所拥有的潜质，教育者应该发现这种潜质，并有意识地引导和激发受教育者的潜能和天性，建立一种自然顺畅的成长流程。因此，如果互联网的引进只是为教育者提供了一种新的工具，那就没有体现创新和教育的本质，“互联网 + 教育”也无从谈起了。

“互联网 + 教育”作为一种教育的理念，从发展的观点来看，这种理念很有必要性，也符合目前的客观现实，但是如何把这种理念变成生产力，则是要我们把进行的教学改革，进行符合“互联网 + 教育”意义上的教学转变，也可以说成“教育 + 互联网”。

（二）实施“教育 + 互联网”教学需要具备的条件

第一，开放程度高、信息传递快捷便利的互联网。互联网教育对网络平台的开放程度、掌握资源和沟通流畅度都有硬性要求。第二，知识结构完善且科学的教学员工整合平台。第三，个性化的发展途径平台和充实的学习资源。目前的互联网拥有广博的资源与发展平台，但针对具体的专业或者学生个人的发展意向，仍然有待更进一步的细化，或者教师进行专门的沟通和指导。第四，顺应人才培养需要与社会发展趋势的互联网平台。

第二节 “互联网 +”时代对高校英语教学的影响

一、“互联网 +”技术与英语教学相结合的背景

“互联网 +”技术与英语教学相结合是基础教育教学改革的一个新途径，与学科教学有着密切的联系和继承性，同时又具有相对独立性。“互联网 +”技术与英语教学相结合，不是把“互联网 +”技术仅仅作为辅助教或辅助学的工具，而是强调要把“互联网 +”技术作为促进学生自主学习的认知工具和情感激励工具，把学生的主动性、积极性充分调动起来，使学生的创新思维与实践能力在整合过程中得到有效锻炼，这正是创新人才培养所需要的。但“互联网 +”技术在英语教学中也存在误区，中老年教师在多媒体教学中普遍存有偏见。因此，“互联网 +”技术与英语学科教学整合，要通过广大教师的实践探索、不懈努力，才能取得丰硕成果。“互联网 +”技术与英语教学相结合的实质含义从哲学上来看，课程是一种进入教育领域的特殊文化，教学改革实际上是课程文化的变迁和创新。“互联网 +”技术的迅速崛起和普遍应用，正在导致从工业文化向信息文化的转换。这

反映到教育领域来，就集中表现为信息化课程文化的建构。在这一背景中加以观照，"互联网 +"技术与英语教学的历史使命，无疑就是建构新型的信息化课程文化。从 19 世纪末到现在，以计算机和网络通信为核心的"互联网 +"技术在社会各个领域中得到了广泛的应用，这对中国的教育产生了巨大的冲击，英语教学也因此迎来了新一轮深刻的变革，传统教学的一张嘴、一支粉笔、一本教材和一块黑板已不再适合时代发展的要求。"互联网 +"技术进入英语课堂已经成为中国教育改革的必然。

二、"互联网 +"时代下高校英语教学的价值

（一）全面增强学生的英语核心素养

随着社会经济的逐步发展，英语领域逐步受到了诸多重视与支持，在社会领域被广泛接受与推崇。在英语教育领域，英语课堂教学受到诸多关注，随着高校英语课堂教学地位的逐步提升，英语课堂教学的逐步发展，英语人才的需求也逐步增多，这进一步推动了"互联网 +"时代下的高校英语课堂的建设与提出，进一步促进了高校英语核心素养的创新培养。在"互联网 +"时代下的高校英语课堂建设中，人才培养具有重要的意义与价值，从本质上来说，其是有助于进一步推动英语课堂教学的逐步发展，有助于进一步促进高校英语课堂教学的完善与提升。对于"互联网 +"时代下的高校英语课堂教学而言，全面提升学生的英语核心素养，有助于进一步促进学生的英语思维发展，培育学生的多方面能力，有助于进一步促进其全面发展。为此，对于学生的英语核心素养培育而言，对于诸多学校教育而言，进一步推进学生的英语核心素养培育的教学发展，进一步创新学生的英语核心素养培育的教学模式，逐步探索更加有效地教学方式与教学策略，打造"互联网 +"时代下的高校英语课堂，是进一步促进学生的英语核心素养培育，进一步推动英语课堂教学发展，促进我国英语教育发展与全面进步的关键，也是培育学生综合素质的重要方面。

对于中国而言，随着改革开放的逐步推进，英语教育领域的逐步发展，我国的英语课堂教学也逐步有了较快、较高的发展规划，进一步得到了广泛的共识与

发展的计划。在具体的教育实践中，对于学生英语核心素养的培育来说，其管理工作进一步得到了大量家长与学生的支持与重视，我国学生的英语核心素养培育工作也进一步遵循了英语课堂教学发展的规律，遵循了教育教学的实践路径，以强化英语教学要求为基本的重点，以创新学生的英语核心素养培育为基础，以建设学生的英语核心素养培育体系为依托，逐步构建了以学生的英语核心素养培育为基础的培养体系，促进了“互联网 +”时代下的高校英语课堂的建设，这已经逐渐成为学生的英语核心素养培育的发展方向与全面推进的基础环节。

对于我国的英语课堂教学而言，学生的英语核心素养的培育，不仅关乎英语课堂教学本身的发展与进步，也关乎社会上对于英语人才的需求是否可以得到有效的满足。在英语人才大量缺乏的现状下，对于中国来说，进一步打造“互联网 +”时代下的高校英语课堂，不仅是我国英语课堂教学逐步发展、逐步探索、逐步提升的重要方式，也是我国英语教育全面进步、全面发展、全面提升的关键举措，还是满足社会的英语人才需求的有效应对方式。正因为如此，学生的英语核心素养培育的教育发展，从本质上来说，具有重要的意义与价值。

在社会逐步发展的背景下，对于中国而言，在全面探索的基础上，在新时代背景下，随着英语课堂教学形势的进一步发展，在我国的教育体系中，英语课堂教学必须进一步与时代发展，与人才的社会需求进行进一步对接，以此满足英语课堂教学的需求发展。对于我国的英语课堂教学而言，在这种形势下，学生英语核心素养的育人工作已经逐步成为我国英语课堂教学与学生、社会之间进一步联系的纽带，已经逐步成为我国英语课堂教学发展，我国教育进一步大发展、大繁荣的推动力。与此同时，对于社会发展而言，学生的英语核心素养培育需求本身，也进一步赋予了新形势下学生的英语教学管理改革、逐步发展的内涵，并进一步推进了教学管理的逐步发展与强化，体现了学生的英语核心素养培育的重要性。

在“互联网 +”时代下的高校英语课堂中，人才培养有着独特的培养模式，加强实践育才，创新人才培养，是增强英语课堂教学核心竞争力，提高英语课堂教学质量的关键。进一步加强英语课堂教学中学生实践能力的培养，提升学生核心素养与实践能力培养定位，实现英语核心素养培育与学生核心素养培养需求的有效对接，形成学生的英语核心素养培育教学改革模式和英语课堂教学特征，进一步体现学生的英语教学的质量规格和培养方向。这是社会发展的需要，也是培养学生英语核心素养的体现。进一步加强对建立科学化"互联网 +"时代下的高校英语课堂的研究，对于贯彻《中国教育改革与发展规划纲要》的精神，提高英语课堂教学质量，实现英语课堂教学与人才培养需求、教学改革需求的有效对接，具有积极的指导意义。为了适应形势的需要，我们要与时俱进，开拓创新，积极探索，勇于创新，使"互联网 +"时代下的高校英语课堂成为学生核心素养培育、教学管理和改革的重心。

（二）符合"互联网 +"时代下高校英语课堂教学标准

《英语教育课程标准（2011 版）》"课程基本理念"部分指出：注重创新精神中指出现代社会需要充分发挥每个人的主体性和创造性。在"互联网 +"时代下的高校英语课堂教学中，为了进一步培养高校学生英语核心素养，教师需要重点关注学生的三个方面。具体包括：第一，培养学生的创新能力；第二，重视引导学生掌握方法；第三，引导学生完成创新思维的英语活动转化。因此，在"互联网 +"时代下的高校英语课堂教学标准中，其针对英语课堂教学提出了具有建设性的意见，总结来说，就是帮助教师引导学生，向学习目标发展。

在教育课程标准中，其为"互联网 +"时代下的高校英语课堂教学提出了一定的指导意见。具体包括了以下内容：第一，需要进一步探索有效地学习方式；第二，需要进一步探索适合身心特征的学习方式；第三，需要进一步探索符合英语学科特点的学习方式；第四，需要进一步引导学生进行自主学习；第五，需要进一步引导学生开展合作学习；第六，需要进一步引导学生开展探究学习；第七，需要进一步引导学生最终学会学习。

正因为如此，在"互联网 +"时代下背景下，对于学生而言，其需要进一步掌握以下知识点：第一，英语基础知识；第二，英语实践技能；第三，英语问题处理能力；第四，发展英语逻辑；第五，培育英语思维；第六，需要进一步提升对英语的综合运用能力。

在"互联网 +"时代下的高校英语课堂教学中，英语课程标准中也提到鼓励学生在信息化环境下，以自主性、合作性与探究性等方式获取知识和技能。帮助学生学会检验自己的学习态度、方法与成果，使学生逐渐养成自我反思、自我评价的能力，并在教师的指导下，合理确定自己的发展方向。

（三）提升高校学生对英语知识的全面认识

在“互联网 +”时代下的高校英语课堂教学中，对于学生而言，其进一步增进了自身对英语知识的理解与认知，提升了自身的英语学习能力，促进了自身对多种多样的英语基础知识、英语思维能力的认知与理解，促进了学生英语核心素养的全面进步与逐步提升。对于“互联网 +”时代下的高校英语课堂教学而言，学生本身是重点的培养对象与培养个体，对于学生而言，想要进一步培育学生的英语思维与核心素养，需要注意英语课堂教学的诸多方面。具体包括：第一，课堂教学不同形式；第二，课堂教学不同风格，以此为基础，进一步探索学生的英语核心素养培育的诸多方面；第三，积极认识到不同的英语知识本身对于学生英语学习的促进作用，并以此为基础，进一步探索英语课堂教学的有效措施；第四，进一步认识英语课堂教学对于培养学生的英语核心素养的促进作用。

对于“互联网 +”时代下的高校英语课堂教学而言，在社会发展的背景下，英语课堂教学在人才培育中的重要性也越来越大。对于高校英语课堂教学而言，学生群体正是核心素养培育的关键群体。正因为如此，想要促进学生英语核心素养的发展，就必须进一步引导学生逐步夯实英语知识基础，逐步锻炼自身的英语思维，逐步学习全面的英语理论知识。在“互联网 +”时代下的高校英语课堂教学中，只有有效地英语课堂教学方式，才能对学生起到启发和正确引导的作用。在诸多学校的不断探索中，其从最初建设英语课堂教学以来，对学生已经具有一定的引导作用，通过学习和实践，学生的英语思维有了较快的发展，其对学生的英语核心素养培育有一定的价值意义，对学生掌握丰富的英语素材，掌握全面的英语理论知识具有良好的促进作用。

总的来说，对于“互联网 +”时代下的高校英语课堂教学而言，其本身有助于进一步增进学生对于英语的认知与理解，为英语的发展，培养更加优秀的英语人才有积极的促进作用。

（四）提高英语教学中学生自主学习的价值

知识的获得、运用和创新都离不开人的学习。自主学习、主动获取知识是人们不断完善自我，更好适应日趋激烈的社会竞争的重要手段。

1. 在学生学习中的价值

“学习”这一概念在现实中的具体表现形式为：学习主体有意识地分析、掌握并使用一系列观点、知识、定理、法则或理论，并且充分熟悉隐藏在其背后的方法论，由此帮助自身形成较为独立且完善的思维能力。所以，学习主体理想的学习“状态”应该是主动地追求知识，而不是在外力的硬性要求下被动地接受知识，这是“学习”的心理素质基础。“互联网 +”时代下的高校英语课堂教学实践能够为学生创造相当可观的成长价值和发展意义。英语课堂教学的自主学习教学应用对学生发挥着深刻的影响，能够从更深入的层次唤起学生的学习意识，激发学生的发展潜力与创新动力，培养学生的知识收集和自主分析能力，推动学生的全面发展和健康成长，引导学生全方位能力的提升，夯实英语学习的核心素养，同时带领学生完成学习能力迁移发展的过程，帮助学生实现跨学科的综合发展，培养并锻炼学生的综合实践能力。

2. 在教师实践中的价值

在“互联网 +”时代下的高校英语课堂教学中，自主学习教学实践对于教师来说是一种相当理想的教学实践研究活动。它能够更好地激励教师在教学实践中自发地探索教学规律、发现和总结适用性强的教学方法，有助于提高并发展教师的教学成果。在“互联网 +”时代下的高校英语课堂教学实践中，教师通过探索分析，逐步提升自身的教学能力与水平，收获学生学习能力提升带来的自豪感与满足感，实现教师的使命与价值，助推英语教育的创新发展，也实现自身教学能力的成长与进步。英语课程标准针对英语教学活动提出了建设性的意见，帮助教师引导学生，向学习目标发展。因此，在教师方面，英语课程标准提出一些具体的学习活动建议，要求教师引导学生自主而能动地向学习目标发展，且不同地区的教师，可根据实际情况和条件，向学生提出有关自主学习活动的建议，从而使得教师的教学活动，更加具有主动性和创造性，以此夯实“互联网 +”时代下的高校英语课堂教学的基础。

3. 在英语课堂教学中的价值

在“互联网 +”时代下的高校英语课堂教学中，自主学习对于学生来说，能够起到补充学习实践经验的作用，并且可以多方面地调动学生学习的积极性，激发学生在英语课堂和课余学习中的热情。只有在这样的环境下才能使学生真正“学会”学习，逐渐培养学生的探究意识与发现问题、解决问题的能力，使其走向全面发展和健康成长的道路。“互联网 +”时代的到来为高校英语课堂教学提出了全新的要求。首先，根据新课标向学生提出要求，然后学生制订学习目标，才能有的放矢地去寻找所需信息，有利于学生对照目标进行自主学习，其次，教师应为学生创设符合实际的交流情境，学生要有主动参与其中、自发练习的意识，进行自主学习，然后通过积极主动的认知训练，完善自己独特的个性。在“互联网 +”时代导向下高校英语课堂教学中，教师在教学过程中要根据学生的实际情况，结合自身教学经验，从学生学习兴趣和学习积极性两方面做好课堂教学策略，提升课堂教学质量，更好地帮助学生学习、探索、拓展自己的知识面。

与此同时，教师要想使高校英语课堂教学更好地适应“互联网 +”时代的要求，还应该有意识地深化自己的能力，为学生创造一个理想的虚拟学习环境，在课堂教学中培养学生学习，让学生可以学会自主学习。所以教师的领导性就在学习活动中体现了重要性。一方面教师在学习过程中，应有意识地引导学生自己提出问题，让学习真正发挥自主性，成为一个思考现状、提出疑惑、解读线索和解决问题的过程；另一方面教师要指出问题对学习的重要性，让学生养成在思考中学习的习惯，让学生从问题出发，使“提出问题的能力”成为不断学习和进步的内在动力，让问题自始至终存在于学习过程中的主线之中。值得特别指出的是教师对学生问题意识的培养与鼓励。所谓的“问题意识”，就是一种发现学习的价值、探究学习内容的实质、体现研究性原则的学习心理因素，要由教师引领学生逐步建立。

当下，传统的教育模式已不能适应新的教学核心的需要，取而代之的是越来越获得广泛认可的素质教育。素质教育的内涵是将学生作为教育的主体，让学生在学习中担负起主人的地位。为了达到素质教育的目的，教师尤其应当注重学生自主学习意识的养成和发展，让学生培养自主学习的习惯。在以往的英语教学模式下，教师和学生都被迫接受灌输型的授课程序，学生只能被动地接受教师在课堂上讲授的知识，进行填鸭式的学习，虽然能起到一定的成效，但这样的学习是难以体现主动性的。而素质教育下的教学模式更加看重塑造学生自主学习和思考的能力，引导学生凭借自己的能力和思考去探索知识，这是最理想的学习模式。基于这种教学理念，教师应采取更科学的教学手段，深入地指导学生，发挥信息化手段的作用，自行开展学习进程，独立发现问题并予以解决，由此完成知识体系的内化。

4.促进学生的综合素质培养

在"互联网+"时代下的高校英语课堂教学中，英语课堂教学的自主学习教学应用是一次很好的自主学习教学实践探索，有助于进一步摸索出英语教育的创新实践成果，进一步积累学习教学实践经验，为英语教育的创新发展与改革提升起到良好的助推作用。与此同时，"互联网+"时代下的高校英语课堂应该立足于学生的英语核心素养提升，通过对英语核心素养的分析解读，全面促进学生素质培养的教学实践活动，从而进一步提高学生的英语学习能力、合作学习能力、探究学习能力等多方面能力的发展。它可以为学生的素质培养提供积极的探索经验与推广策略，从而推动英语教育甚至其他学科教学的素质培养。

学生是教学设计的主体，教师积极采用自主学习教学法，是符合英语课堂教学要求而采取的教学模式，是确保教学效果与教学质量的合理教学模式。对于"互联网+"时代下的高校英语课堂教学而言，其本身具有重要的意义与价值。

（五）促进其他学科的教学发展

对于同样处在转型期的其他学科来说，其需要进一步借鉴"互联网+"时代下的高校英语课堂的教学模式，并以此为基础，探索更加有效地教学路径。在"互联网+"时代下的高校英语课堂教学中，其进一步采取了如下措施，并取得了良好的效果。具体包括：第一，准确定位学生核心素养培养的需求脉络；第二，准确找准时机；第三，改变培养思路；第四，发展建设英语教育。对于"互联网+"时代下的高校英语课堂教学而言，从本质上来说，要进一步培养学生的核心素养，进一步满足教育的发展需求，进一步关注学生的英语思维能力的培养，进一步探索教育转型发展要求，夯实教育创新发展的基础。对于其他学科而言，其可以进一步借鉴“互联网 +”时代下的高校英语课堂的教学模式，逐步做好以下工作：把握发展脉络；探索人才培养模式；关注教学设置；提升师资建设；促进实践活动；探索应用型转型的核心，以此促进学科课堂教学建设与学生核心素养的全面发展。

三、“互联网 +”时代给高校英语教学带来的挑战

（一）教学理念及教学方法受到挑战

传统教学模式的主要特征之一是教师的主体性，无论是何种形式的高校英语教育活动，教师都会在开展的过程中始终担负策划者、领导者、实施者等身份的责任，学生仅仅是“知识的容器”，被动地接受着教师在课堂上讲解的内容。但是，在互联网技术普及的当下，类似的高校英语教育理念和教学形式已经明显落后于时代的诉求。高校英语教师为了更好地履行自己的教育使命，应该具备时代意识，逐渐尝试将新生教学技术应用于目前的教育课堂，力求改革落后的英语教育方式，积极借助互联网技术来对高校英语教育方法进行创新，在教学中熟悉并应用微课、慕课、翻转课堂等模式，充分发挥多媒体资源的作用，提高学生英语的学习兴趣，实现英语教育质量的跨越，并逐渐摆脱原有教学手段在时空等条件上的限制性因素。总而言之，由板书和口头授课支撑起来的传统英语教育模式已经无法适应信息时代的需要，在互联网技术高速发展的前提下，“互联网 +”教育、智能化设备的普及和常规化是高校英语教育未来发展不可阻挡的趋势。

（二）教师角色及职责受到挑战

过去最为普遍的教育观念（无论是普通人还是比较专业的教育工作者）是，教师主要承担的是“传道授业解惑”的职责，自然而然应该受到学生的尊崇，并在完整的教育教学历程中占据最权威的地位之一。高校英语教师当然也不例外。然而，在高速发展的信息技术的影响和带动下，“互联网 +”时代成为不可阻挡的趋势，学生的文化理念已经产生了颠覆性的改变，学习模式和以往相比也有了极大的不同。新生代的大学生基本都是网络共生的数字原居民，对现代信息设备非常熟悉，也能很快上手移动设备、电脑设备等电子产品上的学习渠道，自己寻找

有价值的信息，这些都对传统的教师授课模式以及教师本身的角色构成了明显的挑战。学生可以基于互联网平台和大数据、云计算及其他信息沟通技术的支持，建立属于自己的英语网络学习平台，甚至可以展开跨国交流，在沟通中锻炼自己的英语应用能力，这样一来，教师的授课当然就不再是唯一能够向学生传授知识的途径了，学生能够借助网络手段完成许多传统课堂拥有的教学流程。所以，教师也应该主动顺应和追赶新时代的教育发展趋势，既不能放弃传道授业解惑的固有职责，也要跟随时代的步伐，把握互联网作为新时代教学手段的发展趋势。

（三）学习理念及学习方式受到挑战

在以往的高校英语教育教学实践中，由于受到传统教学模式的制约，学生学习英语的路径比较有限，即使能够利用一些互联网技术，也不能改变语言学习的固有模板。但是，进入“互联网 +”时代之后，这种情况就有了明显的改变。在互联网技术的支持之下，学生虽然依然接受教师的有效指导，但是已经摆脱了过去的被动式学习，而是能够主动寻求自身需要的知识内容，可以说整体的学习理念已经产生了本质上的改变，学习方式也有了很大的不同，原先形式单一的课堂教学不再适用于复杂的知识体系，开始逐渐向微课、慕课听课之类的多媒体教学转化，在这种灵活的学习环境下，学生的英语学习主动性获得了明显地提升，不管是对学习的内容还是过程本身都有了更高的兴趣。教师在英语课堂上承担的任务也有了转变，不再单纯地掌控和管理课堂教学，而是更倾向于体现自身的示范和引导作用，让学生保持积极求知的心态，长期接受全新的英语知识；同时，高校英语教育变得更加开放，原先的封闭式教学课堂加入了更多内外互动要素。高校英语专业的学生无须过度依赖课堂环境和教师教学，不仅可以独立获取知识，还能够掌握更多获取知识和独立学习的技能。综前所述，当代学生在互联网技术之下，在学习方式的选择和调整上有了更多主动性，学习策略变得更加符合独立化、个性化的要求。

第三节 “互联网 +”时代高校英语教学的原则

一、引导原则

在“互联网 +”时代导向下高校英语课堂中，很多的学生在进入学校的课堂之前就或多或少的具备了英语的一些基本知识与想法，纵然水平参差不齐，英语学习能力有高有低，但是相当数量的学生容易忽略基本的英语知识的学习。在英语学习中，诸多的学生对英语基础知识的学习不够重视，这需要老师做出耐心的解释说明和细心的引导。学生没有从学习的起始树立良好的英语学习习惯，导致他们没有建立良好的英语意识。没有良好的英语学习意识，就等于没有建立完好的英语骨架，接下来他们的成长一定是不顺利的。所以，教师应当放在首要位置来重视这个问题，从而进一步端正教学态度，促进学生对英语知识的学习与认知，以此为“互联网 +”时代导向下高校英语课堂教学教学夯实基础，促进高校英语核心素养的创新培养。

与此同时，在“互联网 +”时代导向下高校英语课堂教学中，学生英语学习意识的缺失也是影响学生核心素养塑造的主要因素，而造成学生缺少英语学习意识的原因是学生的不重视问题。在“互联网 +”时代导向下高校英语课堂教学中，学生的英语学习意识通常紧紧围绕一个问题产生——“能不能做对题”，但这显然是一本末倒置，这种偏颇的意识也是造成学生英语能力迟迟无法提高的要因之一。因此，教师要严格督导学生，引导学生逐步建立对英语的正确学习意识。如果英语教师对学生的学习态度放任不管，未能在整理学习逻辑和端正态度等方面对全体学生加以严格要求，则应该将其视为一种教学上的失策。学生失去了正确的学习态度的指导，就很难有条理地应对英语学习对自身提出的任务要求，仅仅追求做作业和考试时及时给出正确的答案，其他更加关键的成分（如学习习惯、应用能力、语言文化等）反而被忽视了。于是就不难理解为什么学生总是提起英语就没有兴趣，而是把把英语课堂学习当作机械运动。因而，教师要进一步重视学生的英语学习意识问题，重视学生在英语学习中的各类问题，引导学生正确树立英语意识，积极开展英语思考与探索。一方面，要切实鼓励学生对英语学习产生旺盛的兴趣，另一方面，要让学生通过自主思考培养英语学习的习惯，与教师和其他学生积极交流学习心得、学习体会、学习经验等，保障学生的英语学习过程。

在“互联网+”时代导向下高校英语课堂教学中，教师需要秉持耐心的引导态度，逐步以恒心与支持促进学生的英语学习。与此同时，教师还要积极做到以下几点：教师要有敬业精神；在教学中，教师要逐步观察学生，促进学生的英语学习意识与学习进步；教师要学会针对学生特点，因材施教。因而，在“互联网+”时代高校英语课堂教学中，教师要把握基本原则，充分做好学习的引导者，加强与学生的互动，提高英语学习的效率与质量，促进英语课堂教学质量提升，全面培育学生的英语核心素养。

二、多样性原则

互联网教学环境的突出优势之一在于其操作的灵活性，而且学习结构相对完整，能让学习主体在网络平台上不受时空条件限制地交流，充分发挥网络资源的作用。互联网能够为人们提供甚至打造种种帮助自主教学的有利条件，比如采集、存储和共享信息资源的功能，或者帮助教学者和学习者在教学过程中所有成员的自我组织信息资源的可用性。基于目前的各种统计数据与调查研究结果，有很多语言教学法或教学原则都受到了互联网教学的影响，呈现出了全新的面貌，包括互动原则、冗余原则、开发性原则、活动性原则、可视化和示范性原则，一致性和系统的培训方法原则等。

这里提到的一致性原则和系统化培训方法，主要包含训练方法和技巧的演变与进步，旨在帮助语言学习者理清已学内容的逻辑，在接受新的知识时，也能引导学习者把已经比较熟悉的知识或者已经掌握的技能重新整理，同新掌握的知识内容建立比较清晰的联系。非线性数据是超文本技术得以实施的基础，很多调查研究的结果都已经证实，将诸如独立的文本、专用词汇和不同板块之间的超链接——这些都属于非线性数据格式的范畴——应用于互联网平台，能够帮助相关从事者更好地践行一致性原则，并比较顺利地开展系统化的培训方法。不仅如此，利用互联网从中得到支持的信息技术与信息时代的教学特点同样可以使互动性教学获得有力的支持，以此作为语言教学的原则，进行交互性质显著的教学活动。到目前为止，现代信息技术对于学习者所提供的帮助已经非常多样且灵活，网络教学不但包括同步沟通（如依托网络平台实时开展的直播性质的课程），还涉及一些用于异步沟通的网络社区（如贴吧、微博等）。在日常性质的互联网服务以及普通网民能够接触的互联网资源中，还有很多可以免费利用的目标语言文本或其他形式的多媒体材料。

如果用方法论的原理加以分析，多元化的教学内容完全能够在符合开放性原则的现代教育体系中得以实现，而对现有教学的不同调整与改革也必须受到重视。对于比较普遍的语言学习过程来说，教学者和学习者如果希望践行开放性原则，就要首先建立一个比较真实、有代入感的外语交流环境。这时我们就可以体会到互联网技术在这方面所具有的优势，它能凭借丰富的功能——音频文件（如BBC、可可英语）、视频储存（包括各大视频网站和网易教育）、社交应用程序（如QQ、微信）——建立一个开放而且拥有充实体系的网络交流环境，让教学者和学习者突破时间与空间的限制，借助信息渠道随时随地开展教学。按照前述的种种性质，互联网英语学习环境是一个非常开放的学习场合，它不仅是学术界人士所使用的专业工具，更是面向全体互联网用户的现代化常规教学手段。互联网环境的开放性特点主要体现在设备的公有性质上，有相当一部分互联网资源在面世之初都有其他的用途，并不是专门为了教育的目的而推出的。不过，因为互联网平台掌握着丰富多样的教育资源，能提供全面的个性化服务，所以一些综合性的语言学习可以借此顺利开展口语交际练习，从而更好地完成教育教学任务。

可视化原则和示范性原则也是两个发挥关键意义的原则，它们的主要作用在于引导学生逐渐认识并一点点熟悉实际的目标语言应用情况。无论组织什么类型的英语教学活动，教学者都应该尤其注意可视化原则和示范性原则的作用。Web2.0基于自身较强的可操作性和社会属性，能够展示多样化的信息，涵盖了各种不同的形式和内容类型。在持续发展的多媒体技术的促进下，web2.0还可以被用来组织包括文本、图像、动画、音频等形式在内的学习材料，并进行二次建构。在灵活性和直观性强的技术支持之下，学习者对于所掌握资料的理解和分析也会更加深入。在这样的基础上，学生有条件实现更符合独立性要求的自主学习任务。

智力、情感和言语是构成英语教学活动的三个最基本的学生行为，这三者可以共同满足总体性的要求，为下一步实施活动所遵从的原则提供坚实的基础。在最初的阶段，教师在组织智力活动时，可以考虑将解决学生提出的问题放在核心地位，围绕该要求选择教学手段，制定理想的教学策略，并有意识地引导学生主动反思学习过程，在学习中养成批判性思维的习惯。接下来，教师要认识到学生情绪活动所能产生的作用，分析其与对学习经过的满意程度、教学活动投入积极程度等的内在联系。再接下来，教师应致力于满足教学的活动性原则，采用不同的教学模式与教学方法，为小组内的练习与互动创造激励因素，支持学生口语交流活动的稳步开展。在落实以上策略的过程中，互联网可谓最为理想的渠道和平台。Web2.0 作为英语教学应用现代信息技术的全新手段，可以为学生学习活动效率的提升提供很大帮助。

有效采用冗余原则，能够为激发学习者的反思活动创造有利条件。所谓的学生自主学习活动，其主要目的在于令学生掌握大量处理多方信息并对其进行分析和综合的方法，只有具备了这些能力，学生才能顺利地达成自主学习的目标。也就是说，冗余性原则的实际体现在英语教学中就等同于自主学习。实现这一点需要教育者具备优秀的信息收集能力和整理能力，将来源多样、内容丰富的教学信息应用于外语教学中。不过，恰当性原则依然不能被忽视，无论处在英语教学过程的哪个阶段，教师和学生都应当严格遵守恰当性的要求，同时合理应用新的信息和交际技术，推动教学进程的发展。伴随着不断更替的语言教学方式革新和多样化趋势明显的教学原则，教师更应当合理考量各种现代信息手段在教学过程中所占的比例及具体应用策略。在当下教学环境中，有相当一部分教育工作者的观点是：教育、教学法、经济条件和固有的语言教学形式形成的多变性平衡状态，从本质上影响着信息化的使用程度。其实，任何教育工作者，要想将现代信息技术合理应用在教学任务之中，都需要明白和理解这些技术的实质，以及使用的程度和场合，为把信息技术和自身的教学有机整合而提供一个理想的规划或策略。另外，如果现实情况提出了硬性需要，还应该适当调整、再编现行的方法或技术。

第三章 “慕课”在高校英语教学中的应用

慕课根植于传统课程，却又不是传统课程，它具有新的特点。本章节内容为“慕课”在高校英语教学中的应用，主要就慕课的兴起、发展及特征、高校英语教学应用慕课的可行性分析、基于慕课的高校英语教学实施三个方面展开论述。

第一节 慕课的兴起、发展及特征

一、慕课的在国外的兴起

（一）慕课的产生背景

慕课是在开放教育资源运动和连接主义思潮下诞生的，其英文全称是Massive Open Online Course，一般简称为MOOC，实际上就是大规模的在线开放课程。慕课的概念最早由加拿大爱德华王子岛大学的戴夫·科米尔（Dave Cormier）与布莱恩·亚历山大（Bryan Alexander）教授所提出。

从慕课的概念分析，其含义为：

（1）所谓“大规模”，是指慕课采取的是线上授课模式，不受时间和空间的限制，因此可供更多学习者共同参与学习。有的课程比较受欢迎，一般注册学习者能够达到数千甚至会达到十万以上。这其中有来自各行各业的人，也有身在不同国家、不同地区的人，以及不同年龄段的人。在慕课出现以前，这样大规模的教育活动是不能想象的，更是无法实现的。除此之外，慕课的“大规模”不仅仅是指学习者数量庞大，还指更多的教师能够参与到教学过程之中。

（2）所谓“开放”，是针对教育形式而言的，是指慕课的教育形式有着较强的开放性特征，没有太多条件的限制。慕课是在“开放教育资源”运动下产生的，可以说是该运动的一种延续，它构成了开放教育潮流的重要部分。自从慕课诞生并逐渐流行以来，人们只要具有上网的条件，并且在时间允许的情况下，就可以进行在线学习，方便了知识的获取，也提高了学习的效率，更重要的是在一定程度上实现了教育的公平。

（3）所谓“在线”，是基于慕课最基本特征而言的，慕课课程的开展必须以互联网技术为依托，“在线”就是指慕课相关的学习资源和信息是通过网络来实现共享的，慕课的教学和学习活动，必须在网络环境下进行。

（4）所谓“课程”，是指开放教育的基本形式是课程，是整个教与学的活动。

慕课从诞生到今天，时间并不长，但是慕课的孕育发展历程却不短。准确来说，慕课可以追溯到20世纪60年代。在1962年，美国著名的发明家道格拉斯·恩格尔巴特（Douglas Engelbart）提出一项研究计划，其主要内容是倡导人们将计算机技术作为一种改革“破碎的教育系统”的手段，进而应用在学习过程之中。自此以后，人们在这方面的努力一直没有间断过。

2007年，对慕课的孕育和发展来说是具有重大意义的一年。这一年的秋季，美国学者戴维·维利（David Wiley）利用Wiki技术开发了一门开放课程——“开放教育导论”（Introduction to Open Education）。这门在线开放课程有一个最为突出的特点，就是身在各个国家、各个地区的学习者，给这门课程提供了大量的材料和内容。也就是说，众多学习者不仅仅是学习这门课程，他们还共同建设、发展、完善这门课程。这种课程设计的理念和形式是独一无二的，也是符合科学规律的。一方面，这门课程的性质要求教师和学习者双方都必须有开放的态度，要在课程建设中做出努力；另一方面，戴维·维利所选用的Wiki技术平台，给这门课程的共享共建奠定了坚实的基础。

同一年，在加拿大里贾纳大学（University of Regina）教育学院任职的亚历克·克洛斯（Alec Couros）教授开设了一门名为“社会性媒介与开放教育”（Social Media and Open Education）的课程，这门课程主要面向的是研究生。这门课程一直秉持着开放性原则，那些有学分诉求的学生可以参与学习，而有其他诉求和目的的学习者也可以参与该课程的学习。这门课程最值得强调的一个特征就是，来自世界各地的著名专家学者都参与了该课程的教学活动。

2008 年，慕课概念被提出。2008 年 9 月，加拿大学者乔治·西蒙斯（George Siemens）和斯蒂芬·唐斯（Stephen Downes）开设了第一门慕课，课程名称是“连通主义与关联知识”（Connectivism and Connective Knowledge Online Course，CCKOC）。这门课程开设之后，有来自曼尼托巴大学的 25 名学生以付费的形式参与了学习，还有两千多名来自世界各地的学生以免费的形式参与了学习。这门课程有着丰富的内涵，它一方面利用了维利的开放内容和学习者参与的思想，另一方面借鉴了克洛斯的开放教学和集体智慧的举措。此外，这门课程的建设比较成熟，能够支持大规模学习者共同参与学习，而且还充分利用了联通主义学习理论和相关教学方法。

（二）慕课“元年”

2011 年的秋季，慕课在孕育和发展的过程中出现了重要突破，来自世界各地的 16 万人注册了斯坦福大学塞巴斯帝安·特龙与皮特·诺维奇联合开出的免费课程《人工智能导论》。慕课开始受到各方关注。媒体和商业机构的加入，更推进了慕课席卷全球之势。12 月，用于描述该课程的英文缩写词 MOOCs 最先出现在美国“高等教育课报”（Inside Higher Ed）上。

史朗是谷歌 X 实验室的创始人之一，他领导了包括谷歌眼镜、无人驾驶汽车等多项创新性技术和研究，又在教育上开辟了新的道路。2012 年 2 月，他创立了 Udaeity 慕课平台。之后，一些慕课平台在次年相继创立，并得到迅速发展，比如 Coursera、edX 等。这类慕课有着很多方面的优势，比如课程内容质量较高，短视频的设计方便学习者使用，具有新型的测评方式，辐射性较强，等等。正是因为具有这些优势，这类慕课才引起了各行各业的广泛关注，并且有效促进了全球开放教育运动的发展。它标志着人类的学习方式将发生重要改变，人类一直以来所采取的文明传承方式也将发生重大变革。

慕课平台的“三驾马车”Udacity、Coursera、edX 于 2012 年成立，多家世界著名大学参与其中，所提供的慕课大多建立在行为主义理论教学方式的基础上，即 xMOOC（也被称为斯坦福模式，以名校教师的视频、文本教学和网络化测试为主，强调内容教学）。

2012 年是世界慕课元年（《纽约时报》载文评论），也是慕课建设迅速发展的一年。一些美国著名高等院校开始和网络技术公司合作，并且获得众多“常春藤”院校的支持，纷纷制作各自的在线课程，慕课平台如雨后春笋般相继成立。

二、慕课在国内的发展

2013 年，“慕课风”刮入中国，引起国内众多知名学府的兴趣。5 月，以清华大学、北京大学为代表的六所知名高等学府开始了和 edX 平台的合作；10 月，清华大学的“学堂在线”正式运营。由于这一年慕课在中国兴起并且突破性地发展，因此，2013 年被称为“中国慕课元年”。

（一）高等院校课程联盟成立

慕课的发展促进了教育的进步，推动了人类文明的进程，因此，慕课在进入中国国门后，很快便引起了众多高校的关注。很多高校联起手来，共同探索慕课在中国环境下的发展之路。在教育主管部门的指导下，一些高等院校结成了开放性、非营利性的课程联盟。该课程联盟充分利用网络视频，建立混合教学模式，并根据我国教育的特征，建立课程市场化共享机制，在很大程度上实现了优质教学资源的共享。一直以来，我国高校面临着两个重要难题，一是优质课程数量不足，二是师资力量薄弱，而课程联盟的建立，可以让很多学子都能享受到优质课程，有效弥补了高校教学中的一些劣势。而课程联盟的建立，有效促进了高校教育方式的转变。

1. 上海高校课程中心

上海高校课程中心是上海市教委为实现上海各高校课程、专业、师生资源共享而建立的一个大型在线教学平台，于 2012 年 12 月建成并进行跨校选课。其初衷是，在对上海市各高校的优质教学资源进行充分整合的基础上，在全市范围内建立跨校课程资源共享机制，并且保证该机制能够可持续发展，使得上海各学校的学生不必局限于本校课程的学习，可以实现跨校选课、学分互换，从而满足学生的个性化学习需求。

目前，已有复旦大学、上海交通大学、同济大学等 30 所上海高校加入联盟。这 30 所高校通过质量管理委员会优选了一些通识课程，经过精心的策划和准备，推出课程后让学生根据自己的意愿和需求来选择。上海高校课程中心通过在线进阶式学习、见面课直播互动、小组讨论等多种形式展开教学，使各联盟学校学分互认得以实现。

2. 东西部高校课程共享联盟

慕课凭借着其独特的优势，在很短的时间内就席卷全国，成为各大高校密切关注的话题。2013 年 4 月，中国东西部高校课程共享联盟在重庆大学正式成立。该联盟的发起者是重庆大学，吸纳了中国人民大学、北京航空航天大学、北京理工大学、复旦大学、四川大学等高校。联盟的目标是推动我国高校从传统教学方式向现代化教学方式的转变，汇集各方力量，共同构建高质量的视频网络课程，并结合高校教育的实际情况，建立混合教学模式，形成课程市场化共享机制，从而使广大学子都能通过简单的途径享受到高质量的教学资源，并有效解决各高校普遍存在的优质课程资源短缺及师资力量不足等问题。目前，很多高校还存在内选课不足的情况，无法满足学生个性化的学习需求，而东西部高校课程共享联盟的建设，则有效解决了这一问题。东西部高校课程共享联盟建成之后，学生可以跨学校、跨区域选择课程，能够更好地满足自身的学习及发展需求，各高校也能充分利用这一优势，培养出一批批专业能力扎实、创造能力较强的高素质人才。

3. 华东师范大学慕课中心

自慕课传入我国以来，有几所大学首先对其予以了高度重视，并最先做出反应，其中包括北京大学、清华大学、复旦大学，以及华东师范大学等。2013 年 9 月份，华东师范大学慕课中心正式成立。这是一个学术性组织，其主要目的是通过对基础教育、教师教育慕课的研究与开发，促进慕课在各领域的有效实施。华东师范大学慕课中心充分利用了高等学府的学术优势，并积极跟全国高等师范院校合作，共同打造具有较高质量的线上课程，从而使优质的教育资源能够被社会上更多人所共享。此外，华东师范大学慕课研究中心还加强了基础教育阶段的慕课建设，跟国内二十多所中学联合起来，成立了慕课 C20 联盟，开展相关的培训、研究和推广工作，并取得了令人瞩目的成绩。

4. 学堂在线

学堂在线是清华大学基于 edX 开放源代码研发的慕课平台，面向全球提供在线课程。经过一定的完善，学堂在线平台基本完成了平台国际化与中文本地化，顺利开发了不依赖 You-Tube 的 HTML5 视频播放器，建立了系统性的测试框架。此外，学堂在线实现了平台全文搜索功能，实现了计算机程序的自动测评，而且为了方便使用者，还增加了很多功能模块，比如可视化公式编辑器、手写汉字、用户学习行为分析等。学堂在线陆续完成了清华大学、北京大学、麻省理工学院等著名高校提供的课程上线开放工作。清华大学还基于学堂在线，启动国内首个线上和线下“混合学习”模式。

清华大学大规模在线教育研究中心主任孙茂松表示，学堂在线有着良好的发展前景，其未来发展的主要方向有基于社交网络的互动交流、基于学习大数据的个性化服务、虚拟实验室等。

5.ewant

ewant 是一种开放教育平台，是由海峡两岸五所交通大学共同合作建立的，这五所大学包括上海交通大学、西安交通大学、西南交通大学、北京交通大学及台湾交通大学。该平台建立的主要目的就是为全球华人提供免费的课程和学习资源。ewant 平台提供完整的在线教育模式，经过教学互动及学习评量等运作机制，最终可以提供课程修课通过证明；同时，它也将与企业界合作，通过 ewant 平台协助企业进行教育训练及征选所需人才。ewant 平台以社会企业的精神经营及推动，获得的所有盈余将全部再投入对 ewant 平台及开放教育的推动中。

（二）企业带动慕课发展

随着慕课的迅猛发展，不仅高等教育和政府机构对其表现出浓厚的兴趣和极大的热情，不少企业也纷纷投入人力、物力，积极推动慕课的发展。这些企业中绝大多数是互联网企业，或者说本身就是专门从事在线教育的互联网企业。它们一方面预见到了慕课所带来的商业上的可能性；另一方面也试图以此为契机，推动和发展慕课，从而间接地为企业发展创造条件。网易、优酷网、果壳网、译言网等企业和一些非营利性组织，都积极投身其中。

1. 网易

在网络学习时代，很多人对网易不再陌生，网易公开课是在 2010 年上线的，它是我国最早加入国家开放课程联盟（OCWC）的在线教育产品。网易公开课始终以公益性和开放性为发展理念，并在发展过程中，不断增加高质量的课程资源，拓展产品服务的范围。在我国，网易公开课首先推出“国际名校公开课”并跟高等教育出版社、TED（美国一家私有非营利机构）、可汗学院、BBC（英国广播公司）等知名机构合作，进一步完善知识结构。2013 年 10 月 8 日，网易公开课跟 Coursera 正式进行合作，这一合作最重要的意义就是将世界上最好的课程分享给广大的中国学习者。

网易公开课跟 Coursera 合作的第一个阶段主要体现在两个方面：网易为 Coursera 提供视频托管服务，并在网易公开课平台上开设 Coursera 官方中文学习社区。通过视频托管，中国用户不必像以前一样，在境外网站上读取 Coursera 上的资源，而是可以在网易上直接获取 Coursera 网站上的视频资源，不仅使播放延时的问题得以解决，而且还提升了用户观看视频以及学习的体验。另外，网易公开课专门设置的 Coursera 官方中文学习社区，能够帮助学习中文的用户解决语言障碍问题。在专区内，设置了很多板块，有 Coursera 优质课程的详细介绍，还有授课教师特意为中文学习者录制的教学视频。

网易创始人兼首席执行官丁磊这样表示，“作为一家互联网公司，网易一直以开放、共享、协作的精神，积极探索在线教育领域。我们希望通过与 Coursera 的合作，全面提升中文用户的学习体验，也将更多世界顶级的课程内容推送给中国用户。” Coursera 联合创始人及联合首席执行官吴恩达（Andrew Ng）表示：“网易具有非常优质的技术平台，同时在教育领域拥有很好的市场经验及用户基础，是 Coursera 非常重视的合作伙伴。相信双方的合作能够帮助广大中国学员接触和了解 Coursera 丰富的在线教育资源，并从 Coursera 的服务中获得学习的益处。”

2014 年 5 月 8 日，爱课程与网易携手建立的中国大学 MOOC 平台正式上线，全国任意一所高校都能够利用此平台进行慕课建设。

2. 优酷

2013 年 6 月，优酷与 Udacity 正式达成合作，成为国内 Udacity 课程发布渠道平台。目前，优酷教育已上线多门课程，包括统计学入门、创业入门、计算机入门等。

3. 果壳网

果壳网是一个开放、多元的泛科技兴趣社区，提供科学有趣的科技主题内容。MOOC 学院是果壳网旗下一个讨论慕课的学习社区。MOOC 学院对自身的定位是：“讨论、点评和记录课程，而不是直接在 MOOC 学院上课，课程是属于其他平台的，我们专注于帮助学习者互相交流，发现课程。”

MOOC 学院收录了主流课程平台，包括 Coursera、Udacity、edX、FUN、iversity、Future 等开设的课程，并将大部分课程的课程简介翻译成中文。用户可以在 MOOC 学院为学习过的课程点评打分，在学习的过程中可以与同学讨论课程问题，记录并共享课程笔记。

同时，果壳网还成立了“果壳教育无边界字幕组”，旨在打破教育的边界，让语言不再成为学习的阻碍，并和译言网一起加入 Coursera 全球翻译合作项目。

三、慕课的发展现状

（一）全球慕课发展现状

1. 自下而上席卷全球

从慕课发展的轨迹来分析，可以发现，慕课并不是在官方的引导下，自上而下发起的，而是由那些具有较大影响力和较高信誉的大学自主提供的，课程讲授则主要由高校内知名度较高的教师担任。在美国，慕课的发展可谓如火如荼，慕课机构的数量增长极快，每周都会有很多新的机构进军慕课领域。除此之外，加拿大、澳大利亚以及部分欧洲、亚洲国家的诸多名校也正在或者即将提供慕课。

2. 教学短视频精致化

慕课课程的核心就是教学视频，慕课课程的主要功能也是通过教学视频来实现的，所以，慕课在发展建设的过程中，对教学视频的设计思想和制作水平都提出了较高的要求。首先，慕课跟传统课堂有着本质上的差别，在传统课堂上，师生面对面交流，课程时间一般在50分钟左右，这是大部分人都能接受的，但是慕课的授课方式是视频教学，如果时间太长，学习者很容易产生疲劳感，并难以集中注意力。因此，慕课视频的时长一般要限制在5—15分钟，目的是突出教学的重点难点，降低学习者的认知负荷，减轻学习压力，同时能够使学习者的注意力始终保持高度集中的状态，以提升其学习效果。

其次，慕课平台上提供的课程内容是不一样的，涉及很多不同的领域，所以，必须根据不同的教学内容和教学目的，设计不同的视频表现形式。比如，针对数学课程，可以利用计算机屏幕模拟黑板，将数学推导过程清晰、完整地呈现出来；针对物理课程，可以通过“推”镜头，清楚地展现物理实验过程；针对化学过程，可以在视频设计中增加动画元素，利用动画模拟技术，将化学反应过程直观地呈现出来。除此之外，可以利用“近景”展示授课教师的表情，从而使视频教学更具现场感。

再次，在教学视频设计和制作的过程中，可以嵌入交互测试，目的是及时检查课堂教学及学习的效果。最后，学习者在观看教学视频的过程中，出于某种需要，会进行各种操作，慕课平台需要对学习者的行为数据进行跟踪和记录，并对其进行分析，目的是充分了解学习者的需求，促进课程的完善。

3. 教学应用日渐增多

美国新媒体联盟（NMC）在其提交的《地平线报告2022（高等教育版）》中对大数据时代慕课平台的广泛应用作出了具体统计和研究。以物理学科为例，“物理学中的地标”这门慕课课程是由麻省理工学院的研究生设计并制作的。为了达到更好的效果，他们在意大利、荷兰等国进行实地拍摄，而后构建出虚拟旅程，从而使学习者在观看慕课视频的过程中，能够通过想象来理解物理学中的一些重要概念。

4. 应用领域由高等教育向基础教育拓展

随着慕课的逐渐成熟与发展，它在教育领域所发挥的价值越来越明显，其应用领域也越来越广泛。慕课已经从最开始的仅仅用于高等教育逐渐地向基础教育靠近。当前来看，美国从幼儿园到12年级这一阶段的教育工作者，为了更好地满足学生的发展需求，正在研究开放内容利用、学习分析、个性化教学等课题，而慕课以其独特的优势，在这些方面可以起到非常重要的作用。以可汗学院为例，它的宗旨是给大众提供高质量的免费教育。现如今，可汗学院已有的3200个视频涵盖了K12数学和各自然科学学科主题。2013年9月，华东师范大学慕课中心成立，该机构的宗旨就是研究并开发基础教育慕课平台，借此推动学校教学模式的改革和创新，积极探索个别化、自主性和互动式的人才培养模式，从而有效提升教学的质量。

5. 显著的供给成本优势

从供给方面来说，慕课可以说是独具特色。慕课的成本结构主要是由固定成本构成，一般情况下，需要在开课之前就支付课程相关的开销。所谓的固定成本，是指开发慕课平台、建立网络通道等所付出的成本。而不同的慕课课程，其固定成本也是不同的。决定其固定成本的因素主要有：所使用材料的差异性、所获得外部支持的多元性等。另外，慕课的开设并没有改变原来的教学内容，所改变的只是教与学的形式，所以在建设慕课课程时，需要以原有的课程为主要内容，同时解决原有课程内容跟新的在线课程相适应的问题。正因如此，跟传统的课堂教学相比，慕课的开发需要更多的时间成本和技术成本。此外，慕课的成本结构中还有可变成本。但是跟其他成本比起来，可变成本占比较小。在传统的课堂教学中，师生面对面交流，可以直接进行互动，但是在慕课课程的学习中，学生就需要跟平台进行互动，或者利用互评机制跟同学进行互动。如果平台组织得当，系统运行顺利，那么慕课的可变成本是极低的。还需要强调的一点是，传统课程在进行过程中会面临时间、空间等很多方面的限制，比如教师容量有限、无法增添新设备等，而慕课平台则不同，它是以线上的形式进行授课，所以没有课程的容量限制，一个课程可以被反复利用，这一过程所花费的成本几乎是零。

（二）我国慕课发展面临的问题

1. 资金短缺

慕课的开发和维护需要人力、物力的不断投入，需要很多资金支持，所以，慕课要想实现持续发展，首先要保证完善经费投入机制。国外的“慕课”融资渠道呈现出多样化特征，比如美国慕课资金来源包括社会募捐、基金会赞助、风险资金进入等，其资金渠道十分广泛，这是美国慕课持续发展的重要保证。而我国慕课的发展主要依赖高等院校的推动，但是，较大的资金投入，给很多高校的运营造成很大的负担，在这样的形势下，高校没有太多的余力来优化慕课课程建设，这就导致优质慕课资源极度紧缺。

2. 政策缺失

慕课的发展需要依赖政策的支持，只有在相关政策的指导下，慕课才能充分激发出自身的发展潜力。慕课的发展和普及，解决了很多教育中长期存在的问题和困境，比如教育公平问题，教育机会均等问题，构建学习化社会问题等，可以说，慕课的发展建设，促进了我国教育的改革和发展，促进了社会经济的增长。所以，对于慕课的发展，国家政策必须发挥引导和调控的作用，要根据慕课发展的实际情况和实际需求，及时跟进，及时制订相关政策，以保证慕课的发展始终坚持在正确的轨迹上。在我国，传统的教学模式逐渐显露弊端，一些教学理念和方法已经无法适应现代社会对人才培养提出的新要求，在这样的背景下，慕课在我国得到了广泛的欢迎。很多学校积极参与慕课课程的建设，并借助慕课提出了新的教学模式，比如混合式教学。尽管慕课在我国呈现出良好的发展态势，但是，我国慕课相关的法律并不完善，存在很大的空白，这使得慕课在发展过程中会遇到很多阻碍。所以，在法律上确定慕课应有的地位，并通过相关的法律规定，正式将慕课纳入到我国教育的发展规划之中，使其成为教育改革的重要部分，并结合我国教育发展实际，合理建设、管理和利用慕课，是我们亟须思考和解决的问题。

3. 质量低下

“慕课”的核心内容是课程，所以课程的质量直接决定着“慕课”的发展，决定着学习者对“慕课”学习是否持有积极的态度。“慕课”在诞生之初，就以将世界上最好的教育资源分享给偏远地区的学习者作为最重要的发展目标，但是，“慕课”在走进中国的国门之后，其产生的影响力并没有达到预期的效果。造成这一现象的主要原因就是，我国“慕课”课程的质量不是很理想，不能满足学习者的学习需求，或者学习者不能在“慕课”学习中获得良好体验，导致课程退出率较高，这是我国“慕课”教学中普遍存在的问题。影响“慕课”教育质量的因素有很多，主要有课程、教师、学生三个方面。

（1）课程方面：课程本身质量不高。一些"慕课"课程在设计和制作时，直接将书本上的内容搬到网络上，并没有根据网络教学的特点而进行适切性调整，这导致"慕课"课程的优势不能充分发挥出来。如今，一些知名慕课平台上有很多国外高校的课程，但是这些课程基本上都是使用英语来进行授课的，学习者要想观看这类课程，需要有较高的语言能力，而且这恰恰是很多学习者欠缺的，所以学习者在学习这类课程时会感到十分困难，进而失去学习的热情，产生放弃心理。

（2）教师方面："慕课"课程教学跟传统课程教学有着本质上的区别，所以教师在利用"慕课"课程展开教学时，要注意方法和形式的变化。但是，很多教师却依旧照本宣科，在教学过程中，并没有体现出课程的吸引力，也没有跟学生进行互动，导致课堂枯燥乏味。并且，一些教师对现代教育技术并不十分熟悉，不能适应教育现代化的发展，自身能力没有相应的提升，也在一定程度上影响了课堂教学的效果。

（3）学生方面："慕课"有着较强的开放性特征，这一点决定了学生在"慕课"学习中需要采取自我导向性学习，也就是说根据自己的兴趣、能力、学习需求，来决定参与"慕课"学习的形式以及程度。另外，需要强调的一点是，"慕课"课程的开展需要依托于多媒体技术，所以学习者要想顺利地学习慕课，并取得较好的学习成果，就必须具备一定的多媒体素养。"慕课"毕竟是一个新兴事物，跟传统的面授课程相比，它的历史较短，并且，它跟传统的教学方式有着本质上的不同，正因如此，很多学生在短时间内并不能适应"慕课"这种教学和学习方式，没有找到有效的学习方法。在传统的面授课堂上，教师可以直接对学生进行管理和指导，但是"慕课"课程是线上进行的，教师不能直接管理和监督学生，因此，在慕课的学习过程中，学生必须具备一定的自主学习能力，并且要有较强的自律意识，能够在没有教师监督的情况下，自觉主动地参与学习活动，自主探究问题，主动获取知识和信息。如果学生缺乏这种自律的意识，在慕课的学习中，就很难完成相关的学习任务，进而导致课程的退出率较高。

4. 设施不全

“慕课”是现代信息技术的产物，它依托于信息技术和互联网技术，以网络课程的形式取代了传统的教学工具和教学模式。正因如此，“慕课”课程要想顺利进行，首先就要保证基础设施的完善。如果基础设施建设存在问题，那么将直接影响到学习者的学习兴趣和学习效果。如今，我国“慕课”的发展建设就存在基础设置不健全的问题。

随着时代的发展，社会对人才培养提出了更多要求，相应的，教育教学的方法和模式也应不断改进和更新。在这样的背景下，“慕课”在互联网技术的支持下应运而生，成为广受欢迎的一种新的教育形式，给广大师生带来了新的教学和学习体验。而要想保证“慕课”的持续发展，首先就要做好互联网的运用与维护工作。

在互联网课程建设和运行的过程中，技术是其核心要素，如果技术存在问题，那么互联网课程建设便会停滞不前。而“慕课”的发展涉及很多技术层面的问题，比如信息推动、大数据采集、网络维护等。所以，“慕课”作为一个系统的工程，必须有一个专业的团队对其进行管理和维护。但是，我国却缺乏这方面的人才，这是我国“慕课”发展缓慢的主要因素之一。

我国“慕课”平台稀缺。目前，我国“慕课”发展主要采取的战略是“引进来”，就是从外引进“慕课”建设的技术和平台。如今，在科技全球化背景下，很多国家都根据本国实际特征和需求建设了自己的“慕课”平台，均取得了不错的成绩。我国人口基数大，受教育程度存在差别，高等教育的内容具有本国独有的特点，这使得我国“慕课”平台建设有着较强的独特性。构建中国“慕课”平台，有助于促进我国教育改革，激发我国广大学习者的学习热情，同时也有助于中国文化的对外传播。

5. 学分问题

在“慕课”发展建设中，学分认证是必须重视问题。学分认证能够在一定程度上体现课程的权威性，提升社会对课程的认可程度，提升课程对学习者的吸引力，同时也能促进各个学校之间的学习交流。目前，世界上“慕课”正在不断完善学分认证，我国在这方面也正积极筹建。比如，贵州省属高校 2014 年起在省属高校间试行课程互选、学分互认，推动优质教育资源的共享。在“慕课”刚刚发展起来的时候，它是免费对外开放的，任何人都可以根据自己的兴趣和需求来选择课程进行学习。而后，随着“慕课”的逐渐成熟与完善，一些学习者希望得到对于所完成课程的承认，正因如此，学分转换问题成为“慕课”发展建设的关键所在。

四、慕课的特征

（一）慕课在网络环境中体现的特征

1. 大规模性

大规模性是慕课的最明显特征，其主要表现在课程参与人数上。由于慕课课程采取的是线上授课模式，不必受到空间上的约束，因此可供更多人同时参与学习。有一些比较受欢迎的慕课课程，其注册学习者能够达到上百万人。以斯坦福大学的“人工智能”课为例，有来自全球各地的16万人进行注册和学习，最终有2.3万人完成了整个课程的学习。这个数据是十分庞大的，是传统课堂远远不能达到的。

慕课的“大规模”还体现在课程上。在慕课平台，有数量庞大，并且涉及各个领域和学科的网络课程，学习者可以根据自己的学习需求进行选择。而且在一些知名的慕课平台上，课程的授课语言并不仅限于英语，而是采取多语种授课的方式，这更好地满足了更多学习者的需求。另外，随着学习者数量的增多，慕课平台将学习者的学习意愿和学习过程保存下来，构建慕课学习大数据，然后利用这些数据对课程进行设计与完善，提升慕课课程的质量，给学习者带来更好的学习体验。

慕课的大规模还体现在慕课建设中大量人力和资金的投入。在传统课堂上，师生面对面进行授课和学习，这种教学模式的成本是较低的，而慕课是对传统教学模式的颠覆，它面向的是成千上万的学习者，涉及课程设计、课程制作、课程管理等多个环节，这并不是几位教师就能支撑起来的，它需要大量的专业技术人员来完成各个环节的工作。要想制作一门慕课课程，使其能够在线上顺利运行，教师团队需要花费很多的时间和精力。除了选择教学素材、设计教学活动之外，教师们还要掌握一定的多媒体技术应用能力，进行课程的拍摄和编辑。在慕课课程的进行过程中，教师还要对学生的学习进程进行监控，并在线上及时为学生答疑解惑，解决慕课运行过程中的各种问题。

除了人力投入之外，慕课平台的建设需要大量资金的投入。以可汗学院为例，它是一个非营利性的在线学习机构，对外开放，要想支撑这一平台的运行，每年要花费 900 万美元。

2. 开放性

开放性也是慕课课程在网络环境中所体现出的重要特征之一，这一特征体现了慕课“有教无类”的重要教育思想，在很大程度上实现了教育公平。在慕课学习的整个过程中，都体现了开放性原则。比如学习者注册课程、选择课程资源、参与学习讨论，这一切过程都是开放的。并且，随着科技的进步和慕课的进一步发展，很多高校积极跟各大慕课平台合作，促进了跨学校、跨学科学习的实现，也促进了高校间学分互认的实现，这将给广大学习者提供很多学习上的便利。

在很多人的观念中，教育公平最重要的就是学习机会均等，而教育的开放，首先就要实现学习机会的开放。在慕课平台上，学习者无论身在哪个地区，无论自身处于什么样的教育水平，只要具备网络条件，就可以在平台上进行注册，并选择课程进行学习。这种对学习者的全面开放，是慕课最主要也是最基本的特征，也正是因为这一特征，使得慕课在育人方面能够发挥更大的价值。

通过对现有的慕课平台数据进行调查，可以发现，注册的学习者来自世界的一百九十多个国家和地区，尽管几个最大的慕课平台是在美国建立的，但是美国的生源只占总生源的三分之一。并且，学习者在慕课平台上进行注册的时候，需要准确填写性别、年龄、学历等个人信息。而且在这些注册者当中，性别比例上的差距并不明显，主要以具有大学学历或者正在大学就读的学习者为主。另外也有正处于初中、高中阶段的学习者，还有已经参与工作，因各种原因需要学习相关专业知识的学习者。

另外，慕课的进入也是开放的，没有太多条件的限制。有一部分课程难度较高，学习者必须具有一定的理论基础才能对其进行学习，但是其他大多数课程，很多学习者一进入便可以开始学习。并且，慕课教与学的过程，以及整个过程中所使用的工具和资源也是开放性的。一门慕课的开课时间一般是固定的几周或者十几周，组织者在每周上传一节课的内容和作业，学习者在这一周之内，可以根据自己的意愿来安排时间进行学习。可见，慕课学习时间的选择是极具开放性的，这便于学习者合理规划自己的学习时间。并且，慕课课程是在线上进行的，没有场地要求，只要是在网络环境下就可以进行学习，所以学习者也可以根据自己的意愿自由选择学习环境。此外，一门慕课面向的是成千上万的学习者，他们之间存在各种各样的差异，对课程内容的理解也是不同的，往往会出现很多分歧。慕课平台会设立交流平台，使学习者可以在平台上提出自己的疑惑，发表自己的见解。这种开放式的交流能够促使学习者自主构建知识系统，通过互动传播知识，最终提升学习效果。

（二）慕课作为“线上课堂”的特征

1. 自我学习为主的课程教学理念

随着科技的进步以及教育理念的改革，线上教育得到了大力发展。其中，慕课就是线上教育发展最重要的成果之一。慕课的研发者致力于给学习者带来完整的教与学的体验。正因如此，学习者在慕课学习中，不仅能够得到优质的学习资源，还能得到高水平教师的指导，并能够跟更多的学习者进行交流互动，最终得到课业评价和认证。

从实质上来说，慕课并没有完全脱离已有的课程机构和教学模式，它跟传统的课堂有着紧密的联系：如果没有传统课堂作为根基，慕课就不可能出现或存在；传统课堂所具备的教师、学习者、教学内容、教学环境等因素，慕课也同样具备。另外，随着时代的发展，传统课堂的一些不足逐渐显露出来，而慕课正好可以弥补这些不足。所以，在很多情况下，慕课作为传统课堂的补充形式而存在。

慕课与传统课堂最明显的不同在于运行环境，传统课堂需要占用一定的空间和场地，而慕课是在互联网环境中运行的，对空间环境基本没有要求，也正是因为这一原因，使得慕课能够面对更多数量的学习者。此外，从课程设计到制作，以及课堂教学和学习管理等方面，慕课跟传统课堂都有着很大的差别。

慕课并不致力于让教师和学习者实现“一对一”的交流，而是致力于搭建教学平台，给那些试图推广优质教育的教学工作者，以及那些教育资源贫瘠的学生提供更多条件，满足其需求。在慕课的学习过程中，学习者的自我管理和监督是十分重要的，如果学习者缺乏这种品质，就很难保质保量地完成学习任务。所以，在发展和建设慕课的过程中，不仅要努力提升课程的质量，在课程设计过程中，还要充分考虑广大学习者的不同学习背景，要尽可能地满足其需求，争取借助优质的学习资源促使学习者完成自主学习。

慕课所面向的是数量十分庞大的学习者群体，但与此同时，学习者也面对着数量众多的慕课课程，这使得相同慕课课程之间存在一种竞争关系。这种竞争在传统课堂中是不存在的。所以，作为慕课课程的设计者，要积极在慕课中融入新鲜有趣的内容，激发学生的兴趣，充分体现课程的魅力，进而提升课程的吸引力，保证选择该课程的学生能够积极完成学习任务。

2. 短小精确的课程内容选择与组织

跟传统课堂的授课教师相比，慕课的设计者和讲授者在课程内容选择方面有着更大的自由，不会受到太多限制和约束。他们可以立足于自己的专业或者擅长的领域，将自己所掌握的知识和技术进行整合，最终形成专业性较强的课程内容，供学习者学习使用。各个学科和专业领域的专家、教师，可以在合适的时间内，利用多媒体技术，制作多样化的网络课程，将教学资源上传到慕课平台。这些学习资源之间可能并没有什么联系，它们可以单独作为一个学习单元，也可以根据一定的逻辑、目的，进行重新整合，形成不同学习目标的学习单元集，从而使课程资源得到重复利用。

有时候，课程设计者和讲授者并没有运用已有的网络课程资源，而是选择新的课程内容，或者选择线下课堂中的内容进行慕课设计，但即便是这种情况，也跟传统的线下课堂讲授存在明显区别。因为慕课视频一般只有十几分钟，每次课都是由几个短小的课程视频组成的，而传统的线下课堂每节课基本是 40—45 分钟。而慕课的这种视频组合方式，完全改变了传统课堂的节奏。所以，慕课课程内容的呈现，跟传统课堂的“满堂灌”是不同的。从一定意义上来说，慕课课程内容的安排更加符合现代学习者的学习特征和认知规律。

因此，慕课设计者在选择课程内容的时候，一定要挑选普适性强并且简单易懂的内容来制作教学视频。同时，在课程制作的过程中，也要考虑教学方法和教学媒体的合理应用，提升课程内容的吸引力，让广大学习者获得更好的学习体验。

3. 民主平等的师生互动与教学管理

在教育学的范畴内，教师的课堂行为分为主教行为、助教行为和管理行为三种。在慕课中，这三种教师行为也都存在。但是，慕课毕竟有其特殊性，所以无论是师生互动，还是教学管理，都跟传统的线下课堂有着明显不同。在慕课课程的开展过程中，一般一周会进行一次课程上传。在课程开始之前，教师会通过慕课平台将课程计划发送给选择该课程的学习者，并说明每节课作业的提交时间。在每一节课开始后到下一节课上传之前的这段时间内，学习者需要完成慕课视频的学习，并完成相关的作业和练习。可见，在学习时间的规划以及学习地点的选择方面，学生都有着一定的自主性。从这一点来看，要想顺利完成慕课学习，取得较好的学习成果，学习者必须具备自我学习的意识和自我管理的能力。

在慕课教学中，一般会设置课程讨论区，主要用途是给教师和学生之间提供互相交流和沟通的平台。在完成一节课的学习后，学习者就可以进入交流讨论区，和其他学习伙伴就某一问题进行讨论，也可以在此向教师提出自己的疑惑。而教师需要在规定的时间内进入讨论区，了解学生的学习情况，解答学生的各种问题。由于慕课的参与人数是庞大的，所以慕课讨论以学习者之间的互动为主，而学生之间的互动主要在课程讨论区内进行，所以在开展慕课教学的过程中，一定要加强对讨论区的建设和管理。

在传统的线下课堂上，基本采取的是“一对多”的教学模式，即一名教师，面对众多学生进行授课，一名教师要跟多名学生进行交流和互动。可想而知，这种互动所达成的效果是十分有限的。而慕课教学则不同，其师生互动和生生互动的过程中，并不是一个教师面向数名学习者。一般情况下，慕课课程的建设需要一整个教学团队的共同努力。而在慕课教学中，该团队的教师会实时关注讨论区，跟学生进行互动。并且，教师也会根据讨论区的内容，了解学生普遍存在的问题，然后据此发布讨论帖，吸引感兴趣的学生参与讨论，同时教师也深度参与其中，引导学生独立思考，帮助学生巩固慕课视频中的知识内容。并且，教师也会对学生在讨论区提出的问题进行分析和解答和对这些问题进行归纳和总结，借此了解学生的学习情况，发现课程中的不足和加以改进。而在讨论区内，如果有学生对某一问题给出了准确、完整的答案，那么教师也会予以表扬。对于一些遗留下来的问题，教师可以进行整合，并选择在合适的时间给学生讲解。

通过上面的叙述，我们可以知道，在慕课的讨论区，学习者可以自由提问、自由表达自己的看法，可以和其他人平等交流，也可以利用自己的知识帮助他人解决问题。慕课的这一特征，使其在世界范围内得到广泛的欢迎，其包容性和开放性在知识传播方面也发挥了重要的作用。

在传统的线下课堂教学中，教师可以直接对学生进行管理，从这方面来讲，慕课的教学管理主动性较差。慕课是在线上进行的，师生之间只能在线上进行交流，教师并不能实时检测学生的学习动态，不能直接对学生进行管理，那么在这样的情况下，就需要学习者自我管理和自我监督。但是，很多学习者自律意识较差，遇到困难容易退缩，再加上学习计划制订不合理，总是会中途退出课程学习，导致慕课退出率较高。正因如此，怎样培养学习者较强的自我管理意识，以及良好的学习习惯，已成为慕课研究者的重要课题。

慕课是依托网络技术和多媒体技术发展起来的，所以，在讨论慕课课程的互动和管理时，我们不仅要考虑教师团队的作用，还要考虑各种学习支持服务工具的作用。在慕课互动中，最重要的学习支持就是每个慕课平台都会设置的课程导航系统、作业笔记展示区以及讨论区论坛。此外，还有很多帮助学习者发现并筛选课程的评价筛选网站。这些学习支持网站有效满足了用户查找和选择课程的需要，有的还支持学习者对课程进行评价，从而为后来的学习者提供一些指导。

4. 同伴互评的评价方式

在教学过程中，学习者的学习评价是非常重要的一个环节。通过评价，可以让学习者认识到自身的优势和不足，对自己的学习成果有一个客观的认识，从而帮助学习者尽快调节自己的学习状态，调整自己的学习方法。学生评价不仅包括对学习者进行学习评价，还需要对学习者的道德情感、综合素质等进行评价。一方面，学习评价可以客观体现学习者的学习成果，体现其真实的水平；另一方面，学习评价也在一定程度上反映出教学的有效性，同时对教学目标的完成有着一定的导向作用。另外，学习评价不仅对学习者本人具有重大意义，对教师同样有着重要意义。教师可以根据学生评价的结果，了解学习者的学习情况，从而对自己的教学行为做出调整。

在传统的线下课堂中，评价始终伴随着教学而存在。一般来说，线下课堂的学生学习评价可以根据其实施时间分为三种，分别是诊断性评价、形成性评价和终结性评价。其中，诊断性评价一般是在课程开始之前，教师往往会通过摸底测验的方式对学生进行评价，目的是了解学生的知识水平，以及学生的优势和劣势，从而根据学生的这些情况来制订合理的教学计划，以保证后续教学工作的顺利进行，并保证学生能够尽快适应新课程的学习。形成性评价一般是在课堂上进行，教师往往采取随堂测验或单元测试的方式对学生进行评价，主要目的就是了解学生的学习情况，而后针对学生遇到的问题，给学生提供有效的帮助和指导。另外，课堂教学是一个比较复杂的过程，教师难免会存在各种各样的疏漏，而通过形成性评价测试，教师可以发现自己教学过程中存在的问题和不足，并及时纠正。终结性评价一般是在教学计划完全实施以后进行，期末考试是终结性评价最常用的方式，其目的是对学生某一阶段的学习成果进行总体评价，同时也是对教师的教学成果进行综合评价。所以说，终结性评价有着较强的概括性，对测试的准确性、公平性也有着较高的要求。

跟传统的线下课堂教学相比，慕课课程的学习评价标准并不十分严格。传统课堂的学习评价跟学生的学分和获得学历有着密切的联系，具有较高的社会认可度。但是慕课的学习评价不同，其主要目的是考察学习者是否按照一定标准完成了相关的学习任务。一般情况下，慕课的授课教师会在开课之前下发通知，告诉选择该课程的学习者获得本课程结业证书的具体要求。学习者通过完成规定的课后作业和测试，在合格之后会得到慕课平台颁发的电子结业证书，以此作为学习者完成课程的认证。

在这里需要强调的一点是，慕课课程的作业评价有一种非常特殊的方式，即同伴互评。但是，很多人认为学习者在评价同伴的作业时，很难保持公平公正的态度，这种评价方式缺乏合理性和公平性。因为让学习者进行评价，由于学习者能力有限，根本无法保证作业评价的有效性。而且，在传统课堂上，身处同一间教室的学习者，其知识水平基本相当，所以在对他们进行学习评价时，也更为容易。但是，慕课的学习者数目庞大，并且每个学习者都有着不同的知识水平和学习背景，这使得同伴互评有着一定的难度。

第二节 高校英语教学应用慕课的可行性分析

一、明确慕课教育的基本构成要素

（一）教育者与学习者

1. 教育者

一般来说，那些从事教育活动的人，被称为“教育者”，这一概念是针对“学习者”而言的。内涵决定外延，对于“教育”这一名词，一直以来都有着很多不同的定义，所以对于教育者外延的理解，也有不同的观点。根据之前对慕课教育的定义，我们可以这样理解慕课教育的教育者：即帮助学习者实现个性化发展、培养学习者良好的学习习惯和较强的学习能力、提高教育质量和教育效益的人。

2. 学习者

“学习者”这一概念不难理解，一般来说，想学习某些知识、掌握某种技术的人，都属于学习者。在信息技术的推动下，我们已经进入慕课教育时代，在这一背景下，学习者的学习方式，以及可利用的学习媒体，都较以往发生了重大的变化。

（二）教育内容与教育物资

1. 教育内容

在整个教育活动中，教育内容处于核心地位，它是教育者和学习者进行交流和互动的桥梁，也是学习者实现个人学习目标、教育者实现个人教育目的的重要媒介，可以说，没有教育内容，也就不存在教育活动。教育工作的最主要目的就是在充分考虑学习者认知水平和发展规律的前提下，合理利用教育媒体，促进学习者的进步和发展。当前阶段，慕课教育一般是以微课、慕课等方式来展开教学，以翻转课堂代替传统的教学模式。翻转课堂在实施的过程中，分为线上课程和线下课程两种形式。

所谓线上，就是指依托于网络的在线学习。跟传统的线下教育相比，线上教育不必受到空间上的约束，并且能够将更多资源和素材进行综合利用，因此线上的教育内容往往呈现出多元化特征。作为教育者，可以在丰富的素材库中选择合适的内容进行使用，也可以根据自己的教学目的以及学生的实际学情来自己制作线上课程。线上教学的教学方法也是十分丰富的，主要有三大类，分别是知识讲授型、解题演算型、实验演示型。

（1）知识讲授型。这一类的教育内容一般是学科相关的基础知识和理论，包括已经发生的事实、既定的规则，或者历史上已经证明的真理等，所以，一般不需要学习者再去深度探索。针对这类内容，教育者可以提前录制授课视频，在授课时直接给学生播放。

（2）解题演算型。这类教育内容一般是对重点例题或者练习题进行分析和讲解。解题演算型的教育内容需要学生进行探索和证明，所以，为了便于学习者掌握和理解，教育者一般采取电子白板、手写演示等方式进行授课。

（3）实验演示型。这类教育内容以演示实验过程以及讲解重要知识点为主。有一些学科会涉及实验，比如物理、化学，学习者必须通过实验来验证某一理论，如果实验过程不够清晰，那么就会影响学习者对相关理论的认识和理解。因此，教育者可以在实验室录制实验操作的视频，也可以利用动画技术来对实验进行解说，从而帮助学习者对整个实验过程产生全面、直观地理解。

线上教育并不能完全取代传统的教育方式，因为传统的线下教育有其独特的优势。线下教育一般以问题为中心，师生围绕某一问题进行探究和讨论。以翻转课堂为例，其主要目的就是帮助学生处理学习过程中遇到的各种问题，翻转课堂的线下教学环节，就是为了师生答疑而设置的。

2. 教育物资

所谓教育物资，就是指开展教育活动过程中所需要的各种物质资源。对于慕课教育来说，其教育物资可以分为两类，一是教育媒体，一是教育辅助手段。

所谓教育媒体，实际上就是教育内容的载体，在整个教育活动中，教育媒体承担着沟通教育者和学习者的重任。随着时代的发展，教育媒体的形式越来越丰富，有比较传统的教科书、报纸、杂志、黑板、实物模型等，也有比较现代化的电子白板、幻灯片等。教育内容必须依附于教育媒体，如果没有教育媒体，教育内容的呈现、传播就无从谈起。也正是在教育媒体的作用下，不同的主体才能够对教育内容进行各种操作，也因此才能实现知识和信息的传递。慕课是依托于网络技术而存在的，所以，慕课教育的教育媒体往往跟计算机网络有着密切的联系。一般来说，慕课的教育媒体可以分为两大类。一类是在制作慕课视频过程中所使用的教育媒体，比如屏幕录制软件、PowerPoint、交互式电子白板、绘图工具等；另一类是交流互动平台。慕课教育跟传统教育最大的不同就是它依附于网络而存在，并通过网络平台来实现。在慕课教学中，无论是教育者还是学习者，在遇到问题时，都需要在一个平台上进行交流和互动，比如播客、在线论坛等。当前，为了推进慕课教育的实施，提升慕课教育的质量和效果，很多学校都积极开发这类互动平台，以期给师生提供更好的学习环境。

在开展教育活动的过程中，不仅需要各种教育媒体的参与，还需要一些辅助手段，常用的辅助手段有手机、录音机、计算机等，这些辅助手段在某些情况下是不可或缺的。

二、把握慕课教育的发展趋势

（一）慕课教育组织形式

所有的教育活动都必须有一定的组织形式，而且，教育组织形式也处在不断发展的状态中。在古代社会，教育资源有限，导致教育发展受限，人们很难获得学习机会。而现代社会，教育行业越来越发达，特别是慕课教育的出现，更大程度地满足了人们的学习需求。从教育组织形式来说，慕课教育的发展趋势主要表现在以下几个方面。

1. 课程内容的综合化

慕课教育的学习一般有两种方式，一个是发生在学习者内部的学习，一个是发生在学习者外部的学习。所谓内部学习，就是学习者跟随着教育者的步伐，在教育者的组织和指导下获取知识和技能。在这个过程中，学习者需要进行传统的接受式学习，特别是在学习一些基础知识和理论时需要采取这种学习方法。除此之外，学习者还需要进行自主学习和协作学习，比如就某一问题进行自主探究，或者针对一些较难的知识点，进行小组合作学习等。而教育者贯穿于学习者的整个学习过程中，通过有效的方法，引导学习者深刻理解知识，提升思维能力。相较于内部学习，外部学习的自由程度更高，因此也相对轻松。外部学习的整个过程是学习者来把握的，他们就某一问题跟其他人进行交流和互动。而无论是内部学习还是外部学习，其课程的组织形式都需要从学科化向综合化方向发展。

在传统教育中，教师向学生传授知识和技术的主要依据就是课程，同时，课程也是学生学习各种知识的重要工具。所以要想达到更好的教育效果，就要注重课程内容的编排和设计，要保证课程内容遵循一定的逻辑结构。随着信息技术的发展，我们已经走进大数据时代，走进慕课教育时代，在这样的背景下，学习者的学习需求也在不断变化。如果我们仍旧围绕书本知识来制订课程目标和课程内容，就无法适应当代学习者的发展需求。如今，互联网高度发达，人们获取知识和信息的渠道越来越多，课堂不再是唯一的学习殿堂，课程内容也不是学习者获取知识的唯一载体，在课堂之外，他们有着更多获取知识和技能的方法和途径。

在这种情况下，掌握获取知识的方法比获取知识更加重要。所以，学习者需要的不仅仅是知识本身，他们更需要得到自主学习能力的发展，需要掌握获取知识和选择知识的方法和能力。只有这样，他们才能充分满足自身的学习和发展需求。正是出于对教育现状以及学习者实际发展需求的考虑，慕课教育将提升学生的学习能力作为课程的最主要目标。与此同时，慕课教育并没有忽视知识和技能的重要性。慕课教育致力于在帮助学生掌握基础知识和关键技能的基础上，发展学生的自主学习能力，在这一过程中，学生的学习兴趣可以起到关键性作用。兴趣起源于好奇心，当学生对某一事物产生好奇心时，就会产生学习和探索的兴趣，所以，慕课教育在实施的过程中，要特别注意保护和激发学生的好奇心。在知识的内部学习中，作为教育者，要充分发挥自身的主导作用，充分考虑学习者的实际需求，构建问题网络，引导学习者自主研究问题。从而有效激发学生的探索欲，同时提升学生的思维品质和解决问题的能力。

2.教学形式的个别化

在传统教育中，教师处于课堂主体地位，带领学生探究和学习，往往导致课堂灌输性较强，而慕课教育则不同，教师和学生并没有直接的接触，教师不能对学生进行直接的管理和监督，所以，慕课教育特别强调学习者的自主性和主动性。同时，慕课教育形式的特殊性，也使学习者得到更多独立思考和自主探究的空间。然后，慕课教育所面向的学习者存在各种各样的差异，他们有着不同的教育背景和认知水平，有一部分学习者，并不具备自主学习的能力，对于这部分学习群体，仍需加强培养其自我管理能力、自主学习能力。

一般来说，教学组织形式可以分为两种，一个是个别教学制，一个是集体教学制。其中，个别教学制出现最早。在古代社会，教育资源有限，教育门槛较高，所以能够接受教育的人是极少的，而且，受教育者群体的年龄差异较大，有青年学子，也有稚龄蒙童，年龄上的较大差异也在一定程度上决定了受教育者群体知识水平上的差异，所以作为当时的教师，不能采取统一的教学方法，只能根据不同学生的特点和认知水平来采取不同的教学策略。这种教学方式的优点就是教师能够深度落实因材施教的理念，使得教学内容、教学方法、教学进度能够适应每一位学习者的基本情况，从而保证学生的学习效果。但是，这种师生之间一对一的教学组织形式也存在一定的弊端，主要就是这种教学方式需要占用教师大量的时间和精力，导致教师不能在有限的时间内向学生传授更多知识和技能，导致教学存在低效率、小规模、慢速度等问题。并且，在这种教学形式下，学生之间不能相互沟通和交流，不能实现共同进步。集体教学制则不同，它以班级授课制为基本形式，将相同年龄和相同知识水平的人集中到一起，对其进行统一授课。跟个别教学制相比较，集体教学制有着显而易见的高效、经济等优势，并且，在集体教学制中，学习者所接触的都是相同水平的同伴，他们之间更容易找到共同语言，能够进行沟通、互动和协作，从而起到相互启发、相互促进的作用。但是，我们在分析集体教学制优势的同时，也要认识其不足。最明显的是，集体教学制采取统一的教学进度，这就导致个别学生无法得到照顾；而且集体教学制下的教学活动基本以教师为主体，教师掌控整个学习活动，导致学生没有自主学习和表达的空间，这限制了学生思维和能力的发展。

随着时代的发展进步，科学技术越来越发达，这带动了教育技术的不断更新。同时，学生的学习需求也在发生变化，他们已不再满足于以往的学习方式，相应的，教学组织形式必须进行改变。在这样的背景下，慕课教育得以诞生和发展，教学组织形式从传统的集体教学开始向个别教学转变。但是，这并不意味着慕课教育会完全代替集体教学，因为集体教学的一些优势是个别教学无法取代的，所以，现代教育所推崇的是个别教学为主、集体教学为辅，可以理解为集体中的个别化教学。

需要特别强调的一点是，慕课教育所提倡的个别教学，跟古代所实施的个别教学是存在差别的。在古代，人们之所以采取个别教学的方式，是因为当时社会生产力水平不足，教育资源十分稀缺，受教育机会十分难得，所以能够接受教育的人少之又少，没有足够的条件进行集体教学。而如今采取个别教学，是以提升教学质量为主要目的的。现在的个别教学有各种先进教育技术的支持，可以在多数学习者中实施个性化教学。目前来看，翻转课堂能够更好地实现集体中的个别化教学，从而能促进学生的个性化发展。

3. 管理取向的问题化

纵观人类发展的历程，可以发现，新技术的出现往往是社会进步、教育的发展的重要推力。从历史上看，如果人们没有发明印刷技术，就不能大批量生产书籍，那么班级授课制就难以实现。同样，如果没有数字化技术和网络技术的诞生和发展，慕课教育也不可能实现。问题贯穿于慕课教育活动的整个流程，教育管理形式也是如此。慕课教育管理形式最显著的特征就是以问题为中心，组织学习者进行学习活动。以问题为中心的教育管理形式最终可能会向两个方向发展，一是对传统教育学校管理的改良，二是网络平台的自由管理形式。

（1）传统教育学校管理的改良形式。传统教育以学校为主要的管理形式，而在学校里，又根据年龄对学习者进行划分，然后将学习者分到不同的班级进行管理，这种管理形式有着很多优点。学校是人类发展历史的产物，现代学校则是在工业发展背景下产生的，其最初的目的就是让人们在一定时间内，系统地掌握某领域的相关知识和技术，从而使其投入到工业生产中，这样的制度跟大工业相适应，注重的是效率和集体。而在信息技术高速发展、互联网大范围普及的背景下，人的学习趋向多样化、个性化，并且从以知识学习为主向以能力培养为主进行转变，这要求教育管理形式也必须进行转变。传统教育的班级管理形式有一定的优势，可以应用于慕课教育中，但是，班级划分的方式跟以往不同，要根据学生的学习水平来进行班级划分。此外，在慕课教育方面，学校也可以充分体现自己的特色，可以根据本校的人才培养目标，提供某方面的优秀资源，让学生根据自己的需要自行选择，从而使学生的个性化发展需求得到满足。

（2）网络平台的自由管理形式。在“互联网 +”时代，人们获取知识和信息的渠道越来越多，并且所花费的成本也越来越低，所以，那些已经具备基本知识和技能的学习者，完全有条件进行线上学习活动，自主获取知识。而慕课教育需要做的，就是给学习者构建自由交流的平台，并对该平台采取一种比较宽松、自由的管理形式。每个人的时间和精力都是有限的，对世界的认知也是有限的，但是，人们可以通过和他人进行交流，来开阔视野，丰富自己的生活阅历，而教育信息化技术能够将这种交流和互动的范围进一步扩大，使得世界各地的人都能借助网络平台进行沟通。人们聚焦于网络平台，可以讲述自己的故事，发表自己的看法，当然也可以做一个倾听者，对于某一观点，可以认同也可以反驳，总而言之，在该网络平台上，人们的交流基本是不受限制的，这有助于人们拓展思维、积累经验和增长见识。

（二）慕课教育的评价

1. 评价方式的多样化

教育评价的方式一般可以分为三种，分别是相对评价、绝对评价和个体内差异评价。不同的教育方式有不同的作用，也会起到不同的效果，在具体实施过程中，需要根据教育评价的目的来选择评价方式。如果教育评价的目的发生某种改变，那么评价的方式也要进行改变，要保证评价方式和评价目的相适应。教育评价有着多种不同的目的和功能，但是，受应试观念的影响，传统的教育评价方式比较单一。一般采取绝对评价方式，一味看重学生的考试成绩，盲目追求升学率，导致教育评价的功能十分单一。更重要的是，这种单一的评价方式使学生在学习过程中有着较强的功利心，限制了学生能力和素质的发展。

在教育评价方面，慕课教育跟传统教育也有着很大的差别。慕课教育一般会将相对评价、绝对评价和个体内差异评价这三种评价方式结合起来使用，使每一种评价方式的优势都能得到充分发挥。而之所以采取这样的教育评价措施，主要是因为慕课教育的目的跟传统教育的目的是不一样的，传统教育以培养人的知识和技能为主，并且常常以分数来衡量学生的能力，而慕课教育看重学生学习能力的提升，看重学生的个性化发展，因此只有采取以上评价措施，才能对学生进行客观、全面的评价。不仅如此，慕课教育的评价会使用各种网络评价软件，发挥现代教育技术的优势，提高评价的效率。比如，在新课程的授课之前，可以利用网络技术，对学生的知识基础、学习能力进行评分。通过这种评价，可以筛选出一些基础薄弱、能力较差的学生。对于这部分学生，可以有针对性地对其进行辅导，也可以将他们调到较低层次的班级。之后，可以采取相对性评价，即以学习者在整个学习过程中的各种表现为依据，对其知识掌握情况进行测定，引导学生查缺补漏。最后，对每个学习者各方面的学习情况进行总结和分析，主要从两个方面展开：第一，对学习者过去的成绩和现在的成绩进行对比，比如，对比学习者的期中测验成绩和期末测验成绩；第二，从不同的侧面出发对学习者进行比较和评定，比如，可以通过考察学生的词汇量、阅读能力和协作能力来评定学生的英语水平，并对学生目前的优势和不足做出结论，给学生指出自我提升的方向。由此可见，在慕课教育中，将绝对评价、相对评价和个体内差异评价结合起来，能够帮助教育者对学习者产生更加准确、全面和客观的认识，从而根据这种认识及时调整自己的教学方略，给学习者提供更好的学习条件，并且，这种评价也能够让学习者对自己的长处和短处有清晰的认识，从而激发其自我发展、全面发展的意识。

2. 评价内容的能力取向

传统教育的评价内容一般是以目标的实现程度为主，这并非是不好的举措，关键在于目标的确定是否符合教师和学生的发展需要。而随着社会的变化和发展，以及学习方式的改变，传统教育以课堂知识的完成程度作为目标略显狭窄和不妥。慕课教育的目标不同于传统教育的目标，而目标的改变也必然带来教育评价内容的改变。在信息化社会大背景下，慕课教育认为，掌握知识不如拥有学习能力和批判性、创造性思维。“教，是为了不教”，任何发展都是学习者的自我发展，学习终究是学习者自己的事情，所以在开放教育的时代，学习者必须学会正确地观察和分析各种事物，对大量流通的信息进行筛选，分清主次、辨别真伪，形成批判意识，以及掌握对信息进行深层次加工和利用的能力。这就是慕课教育的目标，即慕课教育的评价内容。

3. 评价主体的多元性

所谓评价主体，就是主导评价活动的人，当然，也可能是某一个团体。一般来说，评价主体可以分为两个类别，一个是自我评价，一个是他人评价。具体可分为三层：一是决策者和管理层，包括教育行政部门和评价专家等；二是教师层，包括学科带头人、备课组长和任课教师等；三是学生层。在传统的教育体系中，教育评价呈现出较为明显的“单向性特征”，也就是说，如果要对教师的教学水平进行评价，那么评价的主体就是学校的行政管理部门；如果要对学生的学习效果进行评价，那么评价的主体就是任课教师。这样一来，无论是教师还是学生，一旦他们成为评价对象，就会变得十分被动，基本没有参与评价的可能，这导致教育评价的不合理性，从而在一定程度上限制了教师和学生的发展。

在慕课教育的评价过程中，评价主体同样也是分为上述三层，但是它的教育评价却是多元化的，规避了传统教育评价的缺陷，将自我评价和他人评价有机结合起来，从而在最大程度上保证评价的客观性和准确性。并且需要强调的是，慕课教育中的教育评价有着“多向性”特征，比如，在以教师为评价对象时，学生也可以作为评价主体，也就是说教师和学生可以互相评价。学生是受教育者，对于一名教师的教学方法、教学水平，他们有着更加直观和深刻的感受，所以从学生的视角对教师进行评价，更有助于教师了解自己教学过程中存在的不足，了解学生的真实需求，从而不断改进自己的教学方法，提升自己的教学能力。另外，慕课教育是依托现代教育技术进行的，所以，在教育技术的支持下，学生能够看到整个评价过程，这进一步体现了学生的评价主体地位，也保证了评价的透明性和公平性。

（三）慕课教育的理念

首先，在课程的组织方面，慕课教学模式强调“Flipped Classroom”（翻转课堂），即将课内课外师生教学在时间上重新进行安排。在“Flipped Classroom”模式中，提倡让学生线上、线下，以自学或协作方式对教师预留内容进行学习，并针对学习疑惑提问，以此替代老式课外的时间让学生做作业的学习方式；课堂时间则以现在的由教师引导学生互动讨论或进行问题答疑代替过去由教师讲授知识，从而将课堂中教师的主导权转移给学生，真正实现“学本位”的学习。

其次，慕课教学模式强调重组课程的内容。各学科专业领域的权威教育者可以将先行编制的多样化教学资料上传至慕课平台，这些资源设计之初未必相互关联，可以作为单独的学习单元，也可依照一定的目的、逻辑和意义进行排列组合，以此形成学习目标各异的学习单元集，从而实现课程资源的合理利用。

再次，慕课教学模式强调众包交互的课程学习方式。大量的学习者在慕课平台下构成了共同解决线上未知问题的“群众”，他们在现实或虚拟社区中协同互助，展开学习讨论活动，共同解决问题。学习者们以多种方式在慕课平台中进行互动，其收获也许远比在教室中的要多。而且，通过这种众包交互的课程学习方式，学习转化为一个高度个性化的主动建构过程，并会推动终身学习的普及。

最后，慕课教学模式也创新了课程评价方式。研究证明，学习者相互批改作业在统计意义上与教师批改作业的分数几近吻合，因而，在适当的管理下，学员互评在面对巨量的线上学生作业评阅需要时，将是一种非常有效的课程测评策略。同时随着网络技术的不断完善，以及数据的不断整合完善，慕课平台的程序编订也逐步满足编多种复杂程度不一的作业评阅需求。

（四）慕课教育的数据思维

“大数据”作为炙手可热的流行词汇在教育界也颇受关注。比如，目前以关注学习过程为核心的学习分析研究已经成为一个研究热点。教育大数据成为趋势，学习数字化，合理应用教育数据，综合分析学习过程中的各项数据，并以此为据提供针对性强的学习建议和学习策略，在这一方面，慕课走在了前列。通过慕课教学模式，学习者们将会在慕课平台产生大量的学习数据，这些海量的资源为我们提供了海量的样本进行数据分析与挖掘，以进一步探明学习者的学习行为和规律，利用这些规律完善优化传统教育管理模式。

（五）慕课教育管理模式的创新

1.“管理”的创新

这里的“管理”指的是平台的管理层、决策层。新时期的创业团队在管理的基础上有更鲜明的活力，可以对当前的在线教育模式进行全方位的审视，搜寻新的发展方向，积极寻求各方面的合作伙伴，从而构建强大的在线教育服务创新同盟。这与传统的教育机构封闭独立的运行模式截然不同，我国高校之间管理层的合作呈现一种谨小慎微的态度，在对 MOOC 有了相对全面的分析之后，制订符合新时期科技创业型企业的运维模式。

团队组成模式的创新使平台的管理模式与传统高校大相径庭。机构不需要再负担制作过程产生的费用，高昂的视频制作成本、师资授课成本由专门的制作团队承担。不得不说，平台式的合作方式更适合于现在的创新创业模式，它给管理机构创造出更多空间。

2.“教”的创新

“教”已经不再是老师一个人的问题。传统高等教育将教的过程交给了老师，由老师来负责所有的教学工作和管理工作，仅有助教可以承担一些跑腿的事情比如收缴作业、监考、作业批改（而且作业的批改一般由更高水平的研究生负责，像是研究生批改本科生的作业）。在新的慕课时代，“教”是一个团队的共同合作，慕课平台的“教”包含了高质量的视频、在线的疑难点讲解、详细的学生学习成果评估等。教师本人仍然是这门课程的灵魂，但其精力可以完全放在教学内容上，而其他的工作，例如学生的上课管理、教学设施的基本条件这些可以交给平台的信息系统自动完成，视频现场的录制、视觉效果的调整、后期的制作这类工作则由视频制作团队来完成。如果把一门课程比作电影拍摄，那么老师就是导演 + 演员，摄影、制作、整理、特效、化妆等部门工作全部由辅助人员来承担。

3.“学”的创新

学生的在线学习过程发生根本的转变，同样仅靠平台的信息系统学生就自己完成了注册、课程介绍、课程推荐、选课、测验等流程化操作，学习者只要花几分钟的时间就可以开始免费体验世界顶级名校、顶级教授的精品课程。

学习时间地点的自由程度也是慕课方式受学习者追捧的原因。对于在校学生来说，固定的上课时间、上课地点是一个理所当然的情景，但是对于大多数需要充电和培训的非在校学习者来说，白天的时间会被工作或者琐事占用，不可能花大量的时间停留在固定的地方进行学习。通过慕课他们就可以自由地选择晚上或者周末空余时间进行学习。此外，移动互联网技术的应用也是增强学习自由度的重要改进，手机应用 APP 的推出标志着慕课进入移动互联时代，用户可以在手机上观看教学视频、进行学习和练习巩固，中国大学 MOOC 等平台都陆续推出自己的移动应用 APP，其功能和电脑端完全相同。由于一堂课的时间在 20 分钟左右，并且可以随时暂停，学习者在任何地点利用空余时间，比如乘车时、午间休息时进行学习。

4.“教”“学”“管理”创新的融合沟通

“教”“学”“管理”，这些要素在现实中并不是单独存在的，其相互影响，相互依存的关系是整个教育体系的基石。

慕课是前瞻性和补充性教学，在合理的监管体系下使用慕课，可以帮助学生拓展视野，提高自学能力。慕课借助生动的表现手法，以视频、讨论的形式为课堂增加生动的元素，有助于激发学生的积极性与创造性。信息技术和网络技术的普及，为课堂上的互动提供了设备和技术基础，课堂上学生的参与度越来越高。慕课的主体是学生，以人为本，以培养学生能力为中心开展课堂教育，是我国教育改革的重要思路。

“教”的质量可以反映教师团队的水平，使“学”能够获得更好的效果，学习者愿意更努力地去“学”，而“学”的积极性，则会影响“教”的成就感和未来的发展，两者自古以来就是相辅相成的关系。而“管理”则为双方创造了更方便快捷的沟通渠道，留言频道、在线聊天、论坛等都是符合当前网络特性的交流方式。在实际的“管理”过程中，“教”应该遵守相应管理的规则，提供的课程应该符合要求且一直保持并不断提高自身的水准。大量的教学团队、更多的学习者加盟平台以后，会促进平台向更广阔的空间发展，直接的影响是课程的数量和用户数量增加，使平台的影响力、市值、规模迅速增长，平台保持可持续健康发展的原动力。

（六）慕课教育的高度信息化

得益于高度信息化的管理流程，基于互联网的慕课体系相对高等教育的面授模式显得更生动高效。工程师将新颖的人性化设计，灵活的功能融入平台中，用户的操作更加的简单，使其不需要太高的计算机技能就可以正常学习，同时通过不断地设计并加入新的功能，使学生的学习方法更科学，节约用户的时间和精力，同时他们保障平台的稳定运行，提高用户体验。更加智能化的表现是：大量耗费人力精力的统计、管理、分配工作已经可以由计算机信息系统来处理，且这个过程是自动化和模式化的，不需要人工干预，管理人员只需要制订规则和处理异常情况。例如，从学生的课程申请，到视频的播放，学习进度的管理，在线测验，阅卷，打分等都可以由信息系统来完成，这极大地解放了教学管理团队的人力资源，并且随着上课人数的增加，这个效果尤为明显。由此可见，信息网络技术确实为管理模式的发展与创新提供了无限的想象空间。

三、高校英语教学应用慕课的现实背景

（一）政策导向

我国政府历来重视社会信息化的发展，在我国信息化加速发展阶段，国家相关政策的颁布，促进了教育资源共享、教学改革、教育公平以及信息技术与高等教育的深度融合。2006 年 5 月 8 日，中央和国务院办公厅印发了《2006—2020 年国家信息化发展战略》，提出了加快教育科研信息化步伐，提升基础教育、高等教育和职业教育信息化水平，持续推进农村现代远程教育，实现优质教育资源共享，促进教育均衡发展的战略目标。

2010 年 7 月，国家发布了《国家中长期教育改革和发展规划纲要（2010—2020）》，提出要加快教育信息化进程，提高教师应用信息技术水平，更新教学观念，改进教学方法，提高教学效果。鼓励学生利用信息手段主动学习、自主学习。

2013 年 8 月 27 日，党的十八届三中全会也要求大力促进教育公平，构建利用信息化手段扩大优质教育资源覆盖面的有效机制。

2015 年 4 月，教育部发布了《关于加强高等学校在线开放课程建设应用与

管理的意见》，旨在进一步落实教育规划纲要和教育信息化发展规划的战略部署，尤其重要的是它指出大规模开放在线课程（慕课）正在促使教学内容、方法、模式和教学管理体制发生变革，给高等教育教学改革发展带来新的机遇和挑战，并再次提出推动信息技术与教育教学深度融合，以促进优质教育资源应用与共享，构建具有中国特色在线开放课程体系和公共服务平台的目标。

2019 年 4 月 9 日，中国慕课大会在北京召开。为办好更加公平、更有质量的中国高等教育，使中国慕课更快建设、更好使用、更有效学习、更有序管理，与会代表共同发表了《中国慕课行动宣言》。

2023 年 5 月，第四届全国慕课教育创新大会在广州举行，来自全国 27 个 MOOC 联盟成员以及高校、企业的约 600 名代表参会。大会围绕教育数字化战略行动，对慕课与在线教育在我国数字化转型进程中的功效、地位、作用、意义进行了深入探讨。

（二）高校英语课程教学要求

信息技术的迅速发展，事实上也推进了高校英语教学信息化改革的步伐。2004 年教育部颁布了《高校英语课程教学要求（试行）》，首次提出了“基于计算机和课堂的高校英语教学模式”，要求“各高等学校应充分利用多媒体和网络技术”，改变“原来的以教师讲授为主的单一课堂教学模式”为“以现代信息技术，特别是计算机网络技术为支撑，英语教学不受时间和地点的限制的个性化学习，自主式学习”，提出了高校英语教学个性化、协作化、模块化和超本文化的理念，并在国内部分院校开展了高校英语教学改革试点工作。2007 年 8 月，教育部出台新版的《高校英语课程教学要求》，与试行版相比，新版《课程要求》更科学合理，除再次明确提出了“采用基于计算机和课堂的英语教学模式”外，指明了我国高校英语教学理念“国际化”、多媒体教学“正常化”、课程管理“三级化”以及教育环境“生态化”的改革方向。近几年来，人们围绕着信息技术与教育开展了多种探索，慕课、微课及翻转课堂等在国外逐步兴起。教育部顺应信息化发展进程，于 2015 年组织专家编写了《高校英语教学指南》，强调高校英语教学应积极创建“多元的教学与学习环境”，并提出“鼓励使用微课、慕课”及实施基于课堂和在线课程的翻转课堂等混合式教学模式，尤其要重视“在线网络课程建设，使课堂教学与基于网络的学习无缝对接，融为一体”。教育部此次颁布的指南进一步推进了信息技术与高等教育的深度融合。

（三）对高等教育教学模式的变革

慕课根植于传统之中，却又不是传统课程的复制，它具有传统不具备的新的特点。而且，处于网络环境中的慕课比传统课堂的课程容纳量要大很多。它将全球顶尖大学的优质课程资源网罗在一起，并以极低廉的成本向所有有学习意向的群体开放，这对仍是以传统的讲授教学模式为主体的高等教育课堂形成很大的挑战。当学习者能够在网络平台上免费获得更为优质的课程资源、结识更为知识渊博且风趣幽默的讲师，甚者在论坛结交到志同道合的友伴时，他们必定会在二者之间做出比较和选择。由此，当学习者可以自由选择自己愿意参加的课程的时候，高等教育的传统教学模式注定会受到作为知识的消费者的学生的冲击。

除了能够提供优质的教育资源和师资资源外，慕课真正把“学习的主动权交给了学生”。它独有的自主学习模式允许学生根据自身情况，自由地选择自己需要或者感兴趣的课程加入学习，且学习过程中能够按自己方便的时间和环境开始学习。网络技术上的支持使得一门课程通过虚拟平台进行大规模教学、将知识分享给更多需要的人成为可能；也因为有了技术上的支持，很多传统教育模式没有办法做到的事情也得以在慕课中实现。比如通过对注册学习者的点击频率和论坛讨论等相关数据的跟踪，实现对学习者学习轨迹和习惯的追踪等。这对于课程研究者来说，可以基于实时的、具体准确的数据统计，进行综合的学习分析，优化已有课程的结构乃至推出更能满足学习者需要的课程；对于参与其中的学习者而言，能够做到有效的学习监控，在缺少教师引导的自主学习过程中，利用自己的学习数据调整学习步调，进一步形成更适合自己的良好学习习惯。

当然，就目前来看，因为慕课面对的是更大众的学习者群体，很多课程中的知识传授多少具有一些科普的意味，专门为满足学习者更为深入的专业性知识需要的课程并不多见，这类课程大多有较高的相关专业学习背景限制。但是，传统高等教育中的专业系统课程同样也没有办法与慕课做比较。教师可以从慕课中研究学习者的兴趣点和更好的教学方法，利用论坛了解学习者的学习与思维习惯，可以更好地进行课堂沟通，完成教学任务。很多在慕课平台开课的教师都表示，虽然同样的课程内容在线上与线下的讲课方式并不相同，但他们往往能从慕课的课程制作、讲授以及与学习者的交流讨论中得到启发，反哺于现实课堂。当新的想法灵活运用到实体学校课堂中时，学生往往有不错的反响。

可见，即使相对枯燥的专业课学习，也并不一定非按照严谨沉闷的方式授课。慕课之于当下的高等教育，就像鲶鱼效应中那几尾鲶鱼一样，利用网络的便捷和慕课自身的优势为传统的高等教育的传统模式注入活力。

四、慕课在改变高校学生学习方式上的可行性

（一）当前高校学生学习方式存在的问题

我国的教育一直以来都是采用的应试教育模式，高校教育也不例外，学生的学习方式比较单一，并且，大部分学生并没有找到科学的学习方法，本身的学习观念比较落后，认为学习的重要因素就是记忆，这只是一种表层的学习方式，使用这种学习方式其学习质量难以提升。我国大学生学习方式主要有以下几点问题。

1. 学习动机不明确

高校学生一直存在学习动机不明确的问题，这是由于在进入大学之前，学生在中学阶段的学习目标非常明确，就是通过不断努力，取得优秀的成绩，参与高考，然后考上理想的大学。但是当学生进入大学之后，发现大学并没有和中学一样有一个明确的目标，也没有升学的压力，在没有指引的情况下，学生不知道学习的动力是什么。这种不明确的学习动机在自制力比较差的学生中影响更加严重，他们没有较强的学习毅力，没有端正的学习态度，不会主动学习，上课经常迟到、旷课，对待考试不认真。

2. 学习主动性不高

高校的一部分学生，没有积极的学习主动性，更不用说缺乏探究和钻研的精神，虽然很多学生看似每节课都在认真听讲、做笔记，但是这种只是书本上理论知识的学习，很少去探索实践性的知识，学习上十分被动。一部分学生只会根据

大学课程设置和教师教学进度被推着向后学习，没有自己的思考能力，在课堂上，老师提出的问题没有得到大部分学生的重视，不举手、不表现，只有一小部分学生能积极主动思考回答，更不用说课下只有少部分学生能主动学习新知识和新技能。

3. 学习方法不当

进入大学课程的学习之后，有一部分学生没有更新学习观念和方法，而是一直沿用高中时期的学习方法，没有积极去主动预习知识，只会机械地记笔记，有的学生连笔记都不记，也不会主动参与课堂讨论，作业经常不能完成，或者直接抄袭作业等。还有部分学生将自己的主要精力放在学习以外的地方，比如参加学校的社团活动、打游戏等，只有到了期末考试之前才突击几天，死记硬背下知识点来应付考试，这样临时硬记下的知识在考试过后就会很快被遗忘，可以说根本就没有学到知识。

4. 缺乏合作学习

现代的高校学生一般都是自己一个人钻研、学习，没有和同学合作学习的意识，缺乏合作学习的自觉性。虽然在大学课堂上，老师有时候会以小组作业的方式给学生布置学习任务，让学生在课堂上分组讨论，但是真正参与其中的学生只有少部分，大部分学生都是被动的，不会去思考并发表自己的观点，在汇报讨论结果的环节也只是推出几个比较活跃的学生上台总结。由于小组讨论的过程不理想，因此讨论的结果也不会很理想，主观色彩比较强。这种情况如果持续下去，学生只会越来越排斥合作学习。

（二）慕课在改变高校学生学习方式上的优势

慕课的教学模式有自己的特点和优势，高校教学采用慕课的教学模式能够影响学生的学习方式。

1. 学习时空界限被打破

在过去的学习中，学习的时间是有限制的，因为有固定的上课时间。另外，学生学习的场所一般就是教室，在空间上也是十分狭窄。但是在慕课教学模式中，学生的学习时间和空间都被打破了，不论是在地球上的任何一个地方，只要有网络、有电脑或者移动终端，就可以参与学习；并且这种学习也是可以不分时间的，只要学生有学习的意愿，就可以根据自己的情况选择学习的内容和进度以及方式。可以说，慕课学习就是走到哪学到哪，什么时间学习都可以，学习甚至可以延长到几十年之后。在学习内容上，慕课也打破了原本的课本知识，只要学生感兴趣，就可以进行学习，这大大激发了学生学习的积极性和主动性。

2. 学习成为乐趣

在传统课堂中，一直采用的方式是教师在讲台上拿着课本讲课，学生在台下被动地听课，学生在学习内容上和学习进度上都没有太大的差距，都是统一的。这就造成很多学生对学习不感兴趣，缺乏主动性。慕课的教学方式在时间、空间、内容等方面有很大的突破，教学资源可以通过动画、图形、影像、声音等方式呈现出来，这样大学生可以根据自己的兴趣、能力和需要选择适合自己的学习内容，并且有更多机会去思考和探究，和同学们去交流合作，找到适合自己的学习方法。大学生的学习兴趣被激发出来，潜能被挖掘出来，同时也活跃了思维，让学习不再是一件必须完成的任务。大学生能够以更加轻松和快乐的心态享受学习，并且掌握更多的知识。

3. 自主学习成为主流

自主学习就是学习者的自主能力得以展现的学习。自主学习的特点可总结为：自主学习可以通过不同的方式表现出来，如具有独特的过程和师生关系；自主能力可以在自我学习的模式下得以发展；自主学习的学习者自主控制学习行为认知过程和学习内容；有效的学习管理建立在对学习中的认知过程的控制上；学习管理和认知过程又涉及有关学习内容的判断。

要培养学生英语自主学习的能力，就要做好长期工作的准备，这是一个循序渐进的过程。在最开始的时候，学生需要靠他人的引导和督促才能完成学习，慢慢转化为自主学习的能力，这也是一个从最初完全依赖教师指导慢慢发展到学生自主独立思考的学习活动。我们还要知道，英语的学习不是一条直线，是一个循环的过程。结束上一个学习任务后要对自己的学习进行自我评价，这个评价会影响下一个学习任务的目标设置，下一次的学习任务选择什么样的学习策略等。这样反复下来，语言自主学习能力逐渐发展提高。这也提示教师，要学会对学生的指导更加耐心，适时地进行帮助和指引。

自主学习方式的运用给教师提出了很大的挑战。在课堂学习环境下，学习者的学习安排会与教师的教学安排产生冲突。因此，教师如何使自己的教学适应学习者的不同个性，满足学习者的不同需求，提供自主学习的机会，培养学习者的自主能力已成为教学的焦点。

大学生的学习效果受到多方面的影响，其中，学生的自主性是一个重要的因素。在以往的课堂上，教师担任权威者的角色，学生担任跟随者、被支配者的角色，只能被动的听课，跟着老师的讲课进度走。但是在慕课学习中，大学生的角色发生了转变，不再是课堂的被支配者，而是学习的主人。学生有自主选择学习目标、内容、方法和资料的机会。学生可以根据自己的学习进度和学习兴趣，根据自己的学习需要制订学习目标，然后根据学习目标自主安排学习活动，学习的时间和内容也可以自己决定。在学习任务完成之后，学生会对自己的学习结果进行反思，并且对自我进行评价，然后根据评价调整学习活动的进程。这种学习的模式有利于大学生培养自我约束、时间管理、独立学习、合作学习等能力，使大学生真正成为学习的主体，开展主动学习。

4. 合作学习成为必然

英语学习其本质可以说就是人们交际的过程，因此，作为语言交际活动，合作是学习英语的基础，只有参与合作才能深入学习英语。在表面上看，合作学习是一种学习方式，其实质是人的社会性本质的体现。社会性的基本层面是合作。因此，合作是人的基本属性和内在要求。随着社会迅速发展，合作已成为人类学、社会学、经济学、政治学、心理学等学科越来越关注的研究主题。社会依赖性研究、认知发展研究和行为学习理论研究等方面的研究成果为合作学习提供了重要的理论依据和支持。通过比较不同的学习方式，尤其是比较了合作学习、竞争学习和个人学习的理论与应用，大家一致认为合作学习是具有优越性和有效性的一种学习方式。人们从合作学习的不同态度、不同的学习目标、在不同的环境中合作学习的效果等方面展开理论和实践的研究，研究成果涉及学习成绩、学习时间、学习的转化、学习动机、学习者的认知发展、学习环境、学习者心理健康发展和社会能力发展等，并提出了大量的合作学习实践方法供教师和学习者参考使用，所有这些使得合作学习迅速普及。

从狭义上说，合作学习属于一种学习活动的方式。学生们都有各种差异性，由这些差异性的学生组成学习小组，然后加上教师的指导，给每个学生自主安排上各自的责任，在共同目标的驱动下，通过相互合作，解决问题，完成学习任务。在这个过程中可以使学生的认知、语言能力和情感态度等都得到发展。从广义上说，合作学习可以是学习者因学习任务的要求，无法独自完成学习任务而寻求合作的学习。它可以是课堂或课外的，也可以是教师组织或者是学生自己组织的。在此过程中，每个学习者都可以从不同的渠道得到对自己表现的反馈。这种英语合作学习的目的是让每个学习者在小组活动的过程中不断积累更多的英语语言知识，最终形成各种技能，比如语言技能、社会能力、学习能力等。

按照以往的学习模式，大学生在课堂上或者在课下无法拥有充足的和教师交流的机会，也没有很多机会可以和同学合作学习。但是在慕课这种学习模式中，大学生就拥有了更多的机会可以享受到各种教学资源，参与多样的合作交流的活动。大学生可以利用慕课平台，有选择性地听到更多优秀的教师的授课，也有机会和教师和同学在平台上讨论。大学生如果在学习上遇到问题，也可以直接在慕课平台上寻求帮助。利用这种线上学习方式，可以增强教师和学生的互动，也可以增强学生之间的互动，使“学生为中心”的学习理念得到发挥，促进合作学习的发展。

5. 学生参与学习成为可能

虽然，传统的英语教学中也有线上视频课等一些在线的开放课程，但是这些视频在时长上与课线下的课程是一样的，一般是四五十分钟，并且不存在师生互动的环节，其本质还是教师授课，学生听课、做笔记。但是在慕课平台上的视频课程在时长上大大缩短了，一般都是十分钟左右，这个时长符合大学生注意力集中的规律。大学生能全程集中注意力听课。另外，在慕课的课程中，每一节内容都设置了进阶作业和小检测，学生们如果想要学习下一阶段的内容只有在进阶测试通过的情况下才能进入。如果检测没有通过，学生就要回过头来将这部分知识重新学习，直到检测通过。这种大学生全程参与的学习方式可以让学生的积极性和主动性都被充分调动起来。

五、慕课为高校英语教学带来的机遇

（一）构建知识体系

慕课具有突出的逻辑性和系统性，可以将零散知识集中到一起，这就形成了集成化的知识系统。针对高校英语，由于其知识点比较多，知识体系相对庞杂。很多学生在认知过程中会遇到阻碍，导致英语成绩一落千丈。在慕课的课程设置中，其基础是知识单元，最终会形成一张完整的知识图谱，学生根据这张知识图谱进行学习。另外，在慕课的作用下，可以生成一定的教学情境，学习者可以在自然交际环境中习得语言，提高自身的语言表达能力。我国高校学生自幼生活在汉语环境中，对英语语言的掌控相对较差，课堂学习的内容比较有限。在高校的英语课程中，学生一周一般会有一到两节的课程，课堂学习的时间是远远不够的，不利于学生形成语言知识系统。慕课将具有联系的知识串联起来，形成了完整的知识结构，学生的语言知识系统被优化完善，语言的基础被打牢，这样就能让学生在语言输出时更加流畅，大大降低了英语教学的难度。

（二）符合认知规律

在时间上，慕课的课程并没有限制，但是授课的时间却更加细化。在慕课的学习内容上，知识被划分为不同的单元，一个单元包括几个知识点。课程是以知识点为单位进行设置的，也就是每一个知识点就是一个课程，每个课程的时间一般都是 10 分钟左右。短时间的课程时长有助于在学生集中注意力的时间内将知识点传输完毕，加强学生对知识的理解，并且学生在这段时间中思维也十分活跃，有利于思考。如果课程时长过长，学生的认知能力和记忆能力就会下降，不利于学生对知识点的学习。因此，相比传统课程，慕课在传递知识上更加具有优势。课时短、知识点清晰、学生的学习兴趣更高，慕课凭借种种优势得到师生的青睐。

慕课在教学方式上相比传统课堂也具有多元化的优势。借助媒体技术，慕课采用立体化的方式呈现图示，这样学生在学习英语的过程中就可以迅速掌握语法规则，并且在慕课课程中有各种形式的检测和练习。增加自主测试的环节，有利于让学生对自己的学习情况有一个清晰的认知，然后根据学习的情况随时调整方法，提高学生学习的效率。

（三）完善教学体系

在传统的英语课堂中，教师根据课本知识进行授课，在形式上和内容上都比较单一和乏味，因此，传统课堂的氛围比较沉闷，不能产生良好的教学效果，学生的学习效率也比较低。这种情况一直都是教育工作者重点关注的问题，希望找到办法解决。慕课的网络化学习方式让这一问题得到有效解决。慕课借助网络信息技术，在平台上可以让学生和老师之间、学生之间交流互动，将英语教学的范围拓展。学生可以借此拥有更大的自主选择权去学习英语，增强了其个性化的发展。在慕课平台上，学生能够享受到视听说的多种体验。我们可以将慕课当作一种网络游戏，其中设置了各种关卡，学生的学习过程就如同打游戏通关，只有通过检验才能走向胜利。这种如同游戏的学习方式将学生的学习积极性调动起来，师生之间也增加了互动。英语教学的体系在慕课的推动下更加丰富，教学体系更加完善，教学的效率和质量也得到提升。

（四）改进授课内容

当前，很多高校的英语教师在课堂上采用的是填鸭式的教学方法，一味对学生进行理论的灌输，学生的思考能力和自主学习能力被限制发展。很大一部分学生在高校学习英语，就是为了通过四六级考试，采用的学习方法也是中学时期的被动学习方式。但是他们没有意识到，中学英语和大学英语是有很大不同的，大学的英语更加注重综合素质，只有将综合素质提升上去才能提高英语的水平。在大学英语中采用慕课的教学方式，可以将授课内容丰富起来，授课方式也更加先进，同时，也可以帮助学生树立了终身学习的理念。高校的英语教学环境也受慕课的影响得到改善，学生可以享受到更加多样化和丰富的教育资源。慕课平台通过各种形式的教学视频、动画演示等加深学生对英语知识点的理解，并且最终形成系统的知识点网络。学生利用慕课平台可以突破时间和空间的限制去学习，更有利于培养学生个性化的学习特点。同样，学生在慕课平台上进行学习，遇到问题可以及时进行信息反馈，教师看到学生的问题就可以及时回答，也能对学生的学习情况有更深的了解，便于教师对教学计划和内容进行调整，选择更加科学的教学方法。

第四章 “翻转课堂”在高校英语教学中的构建

翻转课堂以掌握知识为基础，以知识创新和发展智慧为主要目的。本章节内容为“翻转课堂”在高校英语教学中的构建，主要就翻转课堂的理论研究、高校英语构建翻转课堂的可行性分析、基于翻转课堂的高校英语教学实施三个方面展开论述。

第一节 翻转课堂的理论研究

一、翻转课堂产生的背景

信息技术发展的时代背景、亟待变革的教育现实、求知创新的社会需求、学生学习的差异化需求等都构成了翻转课堂产生的背景。本节将从以下几个方面对翻转课堂产生的背景进行说明。

（一）信息技术发展的时代背景

第三次科技革命包含空间技术、原子能技术、电子计算机技术等的利用和发展。电子计算机技术在各行各业得到广泛应用，有利于促进生产自动化、管理现代化、科技手段现代化和国防技术现代化，也推动了情报信息的自动化。通过第三次科技革命，信息革命得以提前到来，这次革命的标志就是互联网的全球化普及。信息技术的变革让新的技术变革出现，改变了社会发展的速度和格局。

在步入信息化时代的转折点和关键点上，我们需要重新审视教育制度和教学模式，思考如何在教育教学中充分利用现代技术并最大限度地发挥技术的有效性。

处于信息化潮流之中，我们的教育目的之一必然包含能够积极主动地处理信息，提高信息处理能力，包括信息的获取、分析、加工等方面的能力，具备信息素养。

我们必须转变教育观念，重新审视教育技术，从不同的视角积极主动地探索信息革命下如何进行教育变革，如何在教育中充分利用现代信息技术以促进教育的发展。

（二）亟须变革的教育现实

信息革命不仅仅要求我们现时代的人具备一定的专业知识和技能，还对我们提出了更高层次的发展要求，如熟练掌握信息技术，学会及时处理应急事件，拥有不同于他人的独特想法，能够自主学习新鲜事物，敢于探索求知等。因此，信息革命对教育提出了更高层次的要求。然而，传统的班级授课制教学组织形式已经难以充分满足这一要求。

信息革命带来的新型理念冲击着人们的思维，提出的新要求促使人们适时做出改变，终身学习和自主学习在当下备受关注。人人都应该接受终身教育，进行终身学习；人人都需要积极自主地有选择性地进行学习，以适应时代的发展和满足自身的发展需要，从而更好地实现自我价值和获得完满丰盈的生活。

第一次教育革命发生在从农业社会到工业社会的转型时期，在工业革命的助推之下，教学组织形式由学徒制过渡为班级授课制。在信息革命浪潮的助推下，第二次教育革命初见端倪，教学组织形式由班级授课制向终身学习、自主学习发展。通过简要梳理教育发展的历程，我们可以看出教学组织形式由手工学徒制到班级授课制再到现时代的终身学习、自主选择学习的变迁和发展趋势。因此，我们需要审视教育教学的现状，以找到教育教学的出路。

首先，教学内容与社会实践相脱节。太多的学生在工作后抱怨："在学校里学习的绝大多数知识，在生活和工作中很少用得上。学到的知识在毕业后基本都'还给'了老师。"正如这些学生所言，学校教育与社会实践存在着脱节的现象。尽管学生在学习知识的过程中锻炼了逻辑思维能力等能力，但是传统教学必须做出改变。我们需要关注学校课程体系与学生发展的结合，构建适合并促进学生发展的课程体系，实现课程的生活化和实践化。

其次，传统教学往往在教学内容、教学进度等方面“一刀切”。那些“学得慢”的学生常抱怨教师讲得过快，自己还没有完全理解某一知识内容，但是为了跟上教师的进度，只能接着学习后面的知识，而前面那些没有掌握、没有彻底弄明白的知识点就成了疑难点。长此以往，这样的疑难点越积越多，以至于这类学生慢慢成为所谓的“差生”。与此形成鲜明对比的是，那些“学得快”的学生，他们能够较快地理解知识内容，希望得到较高层次的拓展和提升，或者希望进行下一阶段的新知识学习，但是传统教学往往限制了他们的这些需求，当然也就剥夺了他们发掘自己潜能的机会，也许还会慢慢降低他们的学习兴趣和积极性。因此，我们需要思考如何才能使每一位学生都能够按照自己的学习进度和学习特点进行学习，以使每一个学生都能够最大限度地发挥自己的潜能。

再次，传统教学重视结果，轻视过程；重视知识的知晓，忽视智慧的培养；重视知识的获得，忽视情感的感悟和生活的体验。在教学中，我们更多关注学生掌握了多少知识，忽视学生切实感悟到什么、体验到什么；关注学生“学会”，忽视学生“会学”；关注学生的学习成绩，忽视学生的潜能；关注学生的学习结果，忽视学生的思维过程。现实中不论是教师还是家长，都非常关注学生的考试成绩，较少关注学生在学习上的其他表现，如学生是否具有良好的学习习惯，学习方法是否有效，学习积极性是否有待提高，学生的问题意识、交流表达能力、独立思考和探索能力的发展情况如何，甚至忽视学生性格的发展、道德品行的完善等。

最后，传统教学强调教师的主导作用，尚未深入发挥学生的主动性。在传统教学中，教师往往按照自己的教学设计按部就班地进行教学，学生在课堂上被动地听讲、忙于记笔记，课后又忙于完成作业，以应付各种考试。即学生面对更多的是“听课、做笔记、做练习、考试”，属于学生自己思考的时间较少，会导致学生缺少学习的热情和好奇心，缺少个性化思维。教师虽然发挥自己的主导作用来顺利、高效地完成自己的教学任务，但对于发挥学生的主动性、积极性与创造性还有待加强，需要进一步探索怎样使学生成为有智慧、有个性的完整的人，而非仅仅是使其成为具备知识但缺少灵性的人。

综上可知，一方面，传统教学自身存在着种种弊端和缺陷；另一方面，现时代又有“终身学习、主动学习”的新教育要求。因此，教育正处于关键的转折点上，必须抓住时机适时做出变革。

（三）求知创新的社会需求

快节奏的社会生活对我们每个个体提出了更高的时代要求：要快节奏地学习新鲜事物，分析、理解新情景，做一个学习能力强的求知者。因为人生需要求知，所以无论是谁，都需要不断地发展和完善自己，以适应瞬息万变的社会发展，更好地面对未来的不确定性。我们需要紧跟时代的步伐，融入时代潮流，在新时代背景下审视我们的生活、学习和工作。

社会的飞速发展对教育提出了新的需求：现时代社会不仅需要具备知识和技能的专业人才，更需要具有独特的个性、较强的学习能力、较大的发展潜力和创新能力的高层次人才。这就促使我们重新思考一个问题——怎样去培养学生，使学生将来能适应社会的发展。

（四）学生学习的差异化需求

学生个体具有独特性，个体之间存在着差异。学生在学习过程中同样存在着显著的个体差异，具体表现在如下几个方面。

第一，学生在认知方式上存在差异。认知方式又称为“认知风格”，它是指学生在组织和加工信息的过程中表现出来的个性差异，其实质就是个体在感知、记忆、思维、想象等认知过程中所偏爱的、习惯化了的态度和方式。例如，有的学生喜欢在安静的环境下静静地看书，有的学生喜欢在嘈杂喧闹的环境下做几何题；有的学生喜欢独自一人沉思，有的学生喜欢和他人交流，善于表达自我；有的学生擅长用抽象的逻辑思维解决问题，有的学生则擅长运用具体的形象思维看待事物。总之，学生的认知方式千差万别。

第二，学生的学习风格存在差异。学习风格是指学生在学习过程中比较喜欢采用并习惯化了的学习方式，是个性化的学习策略和倾向的总和。学生的学习方式各有特点。例如，在语文学习中，有的学生喜欢安静地阅读，静心体会文章的内容想要表达的含义；有的学生则喜欢大声朗读，在朗诵中理解文章的真意。学生的学习步调有快有慢，我们不能按照统一的教学设计组织学生学习同一知识点。

学习能力较强、学习进度快的学生，会因为学习内容早已掌握，从而感到教师的讲授枯燥无聊；学习能力较差、学习进度慢的学生，则可能会认为教师讲得太快，觉得学习内容太难，逐渐跟不上教师的授课节奏，从而失去学习兴趣。学习风格没有好坏之分，也与智力无关。不能简单地认为“学得快”的学生就好，“学得慢”的学生就不好。学习风格的差异还表现在学生对知识点的掌握能力存在差异。在传统课堂（标准化课堂）上有的学生没有足够的时间来吸收内化知识。而知识内化是一个过程，需要一段时间。如果给予那些“学得慢”的学生充足的时间，很有可能的是，那些“学得快”的学生对知识点的理解不比“学得慢”的学生更深入和扎实，对知识点的记忆不比“学得慢”的学生更持久和牢固。因此，传统课堂“一刀切”的教学模式忽略了学生学习风格的差异性。

第三，学生的学习动机存在差异。学习动机包含学习兴趣、学习需要、情感、意志力等非智力影响因素，起到激发和维持学生学习行为的重要作用。学习动机间接增强学生的学习效果。例如，在学习意志力方面，有的学生可以一直表现出刻苦努力的学习意志力，但有的学生没有持之以恒的学习意志力，只能在一段时间内保持较好的学习状态。在教学过程中，我们应当关注每位学生的非智力影响因素，针对学生的学习动机差异，制订属于每位学生的学习目标，做出合适的学习规划，设定不同层次的学习任务，实现真正的个性化指导与帮助。

世界上没有两片完全相同的树叶，同样，世界上也没有完全相同的两个学生。每个学生个体都具有自身特有的认知方式、学习风格和学习动机，所有这些特质结合在一起就构成了学生的个性。在这个非常注重个性的时代，我们需要善于发现学生本来就存在的个性，并促使其得到最大限度的发展。

二、关于翻转课堂内涵的理论分析

（一）国际对翻转课堂内涵的理论分析

“翻转课堂”是从英文 Flipped Classroom 或 Inverted Classroom 翻译而来的。与翻转课堂类似的翻译还有“颠倒课堂”“反转课堂”“翻转教学”“翻转学习”等，目前基本统一使用“翻转课堂”这个概念。

翻转课堂的定义在 2007 年的时候被美国的科罗拉多州林地公园高中两位化学教师提出，认为翻转课堂就是教师将教学的视频制作出来，学生在课堂之前就提前学习视频，然后等到课堂上和师生面对面交流，解决问题，完成作业，是一种教学形态。

在这次对翻转课堂的概念正式定义之前，人们对翻转课堂的描述都是表层的，也就是学生晚上在家里提前观看教师录制好的视频，然后等第二天上课的时候完成作业，如果有学习上的问题可以向教师请教，或者向同学请教或讨论，这种模式正好和原本的教学方式相反，因此就被称为翻转课堂。

通过翻转课堂，在教学过程中课堂的内容可以永久存档，这些被存档的内容可以供学生日后的复习和补充，如果有学生缺席课堂，也可以通过翻转课堂存档的课程内容及时补充学习。

翻转课堂提供了一种让学生对自己学习负责的环境，使所有学生都能得到个性化教育。它增加了学生与教师之间的互动和个性化的接触时间，教师是学生身边的"教练"，不是在讲台上的"圣人"。也可以说翻转课堂就是一节混合式学习课堂，它完美地将直接讲解和建构主义学习混合在一起。我们不可以简单地将翻转课堂当作在线课程，也不可以认为只是一节视频课，翻转课堂除了拥有这些课程模式的特点之外还可以面对面互动实践，将师生联结在一起，共同学习。教师在翻转课堂中的功能并不是被淡化了，而是指导学生有序学习，重要性依然存在。

英特尔全球教育总监布瑞安·冈萨雷斯在"聚焦教育变革——2011 年中国教育信息化峰会"上发表了一场名为《教育变革——全球趋势和经验》的主题演讲，其中就针对翻转课堂的内涵进行了解读。他认为颠倒的教室就是将知识传授这一环节放在了课堂外，让学生拥有更多自由去选择适合自己的方式学习，在课堂上进行的主要任务就是知识的内化，让学生之间和师生之间拥有更多机会去交流和沟通。英特尔对翻转课堂的理解，离不开他的"一对一"数字化学习模式。虽然他强调"学生之间、学生和教师之间有更多的沟通和交流"，但更多的还是强调通过数字化"一对一"学习，提供给学生更多的自主和自由，强调的是技术的参与。如同他在演讲中所反复强调的学习是无处不在的，可以运用云计算和移动等技术来进行学习。

（二）国内对翻转课堂的探索

我国的重庆市江津区聚奎中学专门针对本校的翻转课堂教学与探索出了一本名为《学习的革命：翻转课堂》的书，在书中对翻转课堂的概念进行了解释，认为翻转课堂就是学生在上课之前，借助教师发下来的数字化材料，这里包括音视频和电教教材等形式，进行自主学习，到了课堂上和教师与同学互动交流，并一起完成练习的一种教学形态。

陈玉锟、田爱丽在《慕课与翻转课堂导论》一书中将翻转课堂定义为“学生课前先基于教学目标和内容制作的教学微课视频，完成进阶作业；课堂上，师生一起完成作业，解决疑难，创造探究的学习形式”。黎加厚教授则认为“翻转课堂是打破传统的学生课上学习，课下作业的模式，创造学生课下学习、课上练习巩固的一种新的课堂模式”。这些定义对翻转课堂内涵的描述和界定主要着重于翻转的形式，说明我国翻转课堂的研究和实践主要还是聚焦于形式上的翻转课堂，对翻转课堂的本质有待深入研究。从操作层面看，翻转课堂主要通过“四个联通”来实现，因此翻转课堂在实施层面是“联通教育”。

（1）课外和课堂的联通。这一联通是解构和重塑了传统课堂的时间和空间。我们知道课堂上和课堂外在传统来说都属于时间和空间有着极大差异的两个概念。在课外，时间和空间都是有很大的弹性和灵活性，因此在课外更加适合那些具有较大差异性的个性化自主学习。相反，课堂上的时间和空间都是固定的，因此更加适合那些步调一致的协同性学习。但是在翻转课堂上，无论是教学还是学习其时间和空间都产生变化，原本需要在课堂上受教师主导的授课环节被安排到了课前，由学生支配，这样学生有很大的自由度去根据自己的情况进行调整。到了课堂上，教师不会花费很多时间去讲授，而是让学生之间和师生之间相互沟通、解决问题。这就将课堂上讲授的内容转移到课外，增加了沟通交流的机会，提高了师生和生生的协作效率。

（2）学生个性化和教师贴心服务的联通。个性化学习是数字化学习的核心，教师不再是知识的垄断者，而是学生学习的导师和管理者。学生在翻转课堂中是学习过程的中心，学生构建知识的过程就是参与活动并完成学习任务的过程。可能会有人认为这样翻转课堂中，教师的地位下降，作用也将下降，但是教师的作用并没有消失，教师的作用还是推动学生的学习。这体现在两点：第一，虽然观看和学习视频的节奏和方式都是由学生自己控制，但是这些视频还是由教师选择的，而且很多是由教师制作录制的，同时，还是由教师来设计学生在课前需要思考和解决的问题。第二，在课堂上，虽然由学生进行问题的发现和解决，但是整体的课堂节奏和活动的安排还是由教师控制。

（3）线上学习和线下学习的联通。当前，线上、线下结合的教学模式已经在很多教育领域实施开展，并且在未来还会成为大的流行趋势。虽然未来的教育模式会有很多，但是线上线下相结合的教育模式可以称为最有效的模式之一。针对线上、线下结合的教育模式，比较科学的形式应该是师生在线上解决共性的问题，到了线下就针对每个学生解决个性的问题。在线上，学生可以拥有大量的名校、名师的优质授课视频资源，通过选择自己感兴趣的课程来获取知识，到了线下就可以和同学与老师面对面沟通交流，将知识内化。其实，将优质的学习资源进行共享就是互联网教育的本质体现。翻转课堂中教师提供给学生的课程视频一般情况下都是专业的机构免费或者收费提供的，教师需要根据教学大纲和本校的实际情况做一些校本课程的补充视频。

（4）知识和智慧的联通。人们掌握越多的知识就越聪明，但是聪明并不代表有智慧。翻转课堂并不是单纯让人学习知识，它也是一种智慧的学习，将知识教育和智慧教育结合在一起。

针对翻转课堂的教学实践，我们还要对一些"伪翻转课堂"进行警惕，否则就会让我国的翻转课堂的推行远离初始目标。上述"四个联通"正是检验"翻转"真假的有力标准。我们要将翻转课堂的本质看成是"四个联通"，因此其实翻转课堂也可以称为"联通课堂"或"联通教学"。

事实上，萨尔曼·可汗对翻转课堂的理解是非常深刻和有前瞻性的。在《翻转课堂的可汗学院——互联时代的教育革命》（中文译名）结束语部分，作者明确提出"翻转课堂为创造力腾出时间和空间"，指明了翻转课堂的核心使命。

综上所述，翻转课堂是一种新型的创造力课堂，它将讲授教学从群体学习空间转移到个体学习空间，将群体学习空间转变为一种动态的、互动的学习环境，满足学生个性化学习的需要，同时也发展学生的批判性思维、解决问题的能力和创造新知识的能力。

三、对翻转课堂核心及本质的理论探讨

（一）翻转课堂核心成为研究者争论的焦点

翻转课堂翻转什么？对这个问题的不同回答，从不同侧面反映了研究者对翻转课堂的本质的认识，这一直是翻转课堂研究者争论的焦点。

1. 翻转课堂是教学流程的创新

教学流程的翻转通常又称为“教学流程再造”。其实在很多年前，教育技术就已经被人们探索着用于教学中，比如20世纪50年代的广播电视教育。但是人们不免又发出疑问，为什么诸如广播电视教育的探索并没有对传统的教学模式产生很大影响，而翻转课堂却成功受到人们的关注了呢？其实总结起来主要有两点原因。

其一，在20世纪80年代以前，电视技术并没有得到普及，并且电视的硬件设备和教材资源也都十分昂贵，只有少数富裕家庭才有机会体验到这一技术的教学。当时的传统班级授课形式仍然占据优势地位，拥有成本低、效率高的优点，不会轻易被其他教育的模式取代。其二，视频教学资源的制作和应用的成本随着信息技术的发展不断降低，并且更多的教育技术的专家热衷于进行信息技术和课程整合的试验，并且探索出了协作探究式的学习方式，让信息技术应用到课堂上，但是，在传统的教学流程中，一节课的时长是固定的，不能减少传授知识的时间，因此就没有留出足够的时间来进行协作探究，在时间和空间上都不允许信息技术的应用，也就不能产生良好的教学改革效果。

传统的课堂教学不论经过了怎样的改革和调整，最核心的教学形式始终没有改变，也就是教师的课堂讲授为中心。现在的教学模式虽然在形式上有了长足的发展，但是仍然没有改变基本的教学流程，在课堂上，教师为学生详细讲解知识，将新技术和知识传授给学生，等到了课下，学生会完成教师布置的作业和任务，来巩固课堂上的知识，这种教学流程十分有助于知识的运送，但是也有一定的缺

陷，就是有很严重的同步性和灌输性。学生的接受能力是有差距的，因此同步性的教学会让一部分学生接受不了；同时灌输性虽然会传输给学生大量知识，但是却忽视了学生对知识的探究。

与传统课程的教学流程正相反，翻转课堂的知识传授环节放到了课前进行，在课堂上主要开展知识的内化。教师的课堂教授被学生的课前学习所替代，学生会在课前提前将教师传递的视频课程学完，掌握新的知识点，到了课堂上，老师会给学生布置一定的学习任务，开展学习活动，包括师生和生生的互动和答疑等。翻转课堂的教学流程有两点好处，一个是学习目标具有可操作性，学生有更多机会自主参与知识的探索，进行实践创造；另一个是学生通过看视频学习，学会自主性，加强自己对学习的责任感，很好地解决传统课堂教学中优等生“吃不饱”，差等生“吃不了”，中等生“吃不好”的问题。

美国教育学家布鲁姆将学习目标进行了分类，包括记忆、理解、应用、分析、评价和创造几个环节，这和传统的教学是正相反的。记忆和理解的学习环节是难度最小的，但是更加需要自由选择性，因此翻转课堂将其放在课前进行，这样学生就可以根据自己的情况和学习节奏自主选择。剩下的应用、分析、评价和创造环节相对来说难度较大，因此需要教师和同伴的协助才能完成，就适合放在课堂上集中解决，这样就形成了更加顺畅的教学流程。基于混合学习理论，课前的时间适合学习一些良构性、基础性的知识，一些劣构性、复杂性的知识则适合课堂上建构学习，可以说，翻转课堂是接受学习理论与建构主义学习理论的混合应用。

2. 翻转课堂是教育理念的创新

支持这一观点的研究者认为翻转课堂就是由“以教为中心”的教育理念转变为“以学为中心”的教育理念。翻转课堂被看作以学生为中心的学习模式。一直以来，课堂都是以教师为中心，教学就是教师站在讲台上给学生讲课，即使教师将课讲得非常精彩，也总有学生不能融入其中。翻转课堂让教师下台，学生上台，课堂变成一个学生的学习中心。

3. 翻转课堂是师生角色的创新

支持这一观点的研究者认为翻转课堂最大的障碍是教师角色的转变。他们认为翻转课堂将“传递信息”和“吸收与内化”这两个环节进行翻转，这样，教师就成为学生学习的引导者和服务者，学生成为学习的主动承担者。

4. 翻转课堂是教学结构的创新

苏州的金陵老师认为翻转课堂并没有翻转教学流程，依然遵守从学习知识到内化的时间顺序。他认为，翻转课堂翻转的是教学结构，即从“学习知识在课堂，内化知识在课外”的结构转化为“学习知识在课外，内化知识在课堂”的结构。金老师的观点基本体现了翻转课堂的特征，但还可以进一步商榷。

5. 翻转课堂是学习环境与学习活动关系的创新

按照学习过程是否需要交流协作或独立思考，可以将学习分为独学和群学。独学，以独立思考为特征，如知识传授；群学，以协作交流为特征，如知识内化。学习环境也有两类：私环境和公环境。私环境，如家里，安静，干扰少，适合独立思考，适宜独学；公环境，如教室，公共场所，适合交流分享、协作探究，适宜群学。翻转课堂将“在课堂学习知识，在家完成作业”的方式转变为“在家观看视频学习知识，在课堂讨论学习”，实现了学习方式与学习环境的完美匹配，即适宜群学的学习内容和与适宜群学的环境相互匹配，适宜独学的学习内容与适宜独学的学习环境达到高度的统一。翻转课堂的最大潜力和最大特色，可以认为是实现学习活动与学习环境的完美结合与匹配。

6. 翻转课堂是育人本质和育人目标的创新

不管是教学流程的再造还是教育观念的转变，不管是师生角色的转换还是教学结构的翻转，改变的都是课堂教学形式和教学手段，但翻转课堂的核心是适应信息化背景下学校教育变革的需要，改变育人目标并相应地改变教学的环境和形式。

（二）翻转课堂的本质

翻转课堂在本质上是基于“互联网 +”的智慧教育。之所以说翻转课堂是一种智慧教育，有这两种理由。

1. 翻转课堂在本质上追求创新和智慧教育

古今中外，教育的目的都是为了培养人的智慧。在当下，人才统率知识的能力和智慧愈发重要，人们要学会如何获得知识、选择知识、处理知识、应用知识和创新知识。翻转课堂以知识的掌握为基础，其主要目标定位在知识创新和发展人的生命智慧。翻转课堂致力于培养人们处理问题和应对危机的能力，让人们有更多时间和机会去思考人生。学生通过翻转课堂可以运用已经掌握的知识，更好地审视和理解自己和他人、社会和自然的关系，并根据各种关系做出正确的判断和选择。

2.“翻转”的过程是学生智慧发展的过程

真正实现智慧教育和发展并不是一件容易的事情，而是一个长期的工程。智慧教育的发展不仅需要良好的学习环境和社会环境，还需要有效的教学方式。和知识不同，智慧的获得并不是通过知识的堆积形成的。在人类探明世间万物和人生的真相和真义的过程中，会通过“主体的自觉”而获得智慧。当然，这个过程也需要对知识的整合和应用创新。

翻转课堂一改传统课堂中时间和空间的限制，将“最合适的教学过程”安排在“最合适的时间”，将接受学习和探究学习结合起来，这样就可以形成优势互补，针对传统教学中的两个大难题也能有效解决。这两个难题分别是没有机会兼顾学生学习差异的问题和不重视学生创新能力的培养。翻转的过程就是将碎片化的知识整合起来，其实可以看出这和智慧的形成过程十分相似。基于此，翻转课堂在促进知识学习的同时也有利于学生知识应用和创新能力的培养与智慧的发展。翻转课堂是手段，更是价值；是技术，更是谋略，甚至是哲学。从价值层面看，它是智慧课堂，是以“联通”为手段，以发展智慧为目的的智慧教育。对翻转课堂的本质的了解有助于教学的品质提升，摆脱应试教育的束缚，促进智慧教育的发展。

四、翻转课堂的理论基础

（一）翻转课堂的教育理论基础

1. 布鲁姆的掌握学习理论

这是由美国心理学家、教育学家布鲁姆提出的一种旨在让每一位学习者掌握所有学习资料的理论。

（1）布鲁姆的掌握学习理论的基本含义

这一理论的基本含义指的是，给学生足够的学习时间，并且根据个体的情况给予个别帮助，还要注意教学的主要变量，这样学生就可以顺利地掌握一个单元的学习，然后进入下一单元的学习，最终达到课程的目标。在“所有学生都能学好”的思想指导下，掌握学习以集体教学为基础，也就是班级授课制，然后加上经常和及时的反馈，帮助学生学习，并且提供给学生额外需要的学习时间，这样会使大多数的学生都能达到课程的目标标准。

掌握学习理论中提到大多数学生都能够进行掌握学习。只要给予学生足够的学习时间，并且每当学生在学习的过程中遇到困难，就及时给予个别化的指导帮助，就能在很大程度上保证几乎所有的学生都可以掌握要学习的内容，完成学习任务和目标。

在掌握学习理论的过程中，学生要按照自己的节奏来学习。每当结束了一个单元的学习之后，这一部分的知识内容必须要求能够达到 80% 及以上的掌握程度，这样才算是学生学会了这部分内容。当然，这个对检验学生掌握知识内容水平的方法也有一定要求，一般采用的是“退出评估”，也就是实验和书面测评。如果学生的评估分值低于 85%，就会要求学生将没有牢固掌握的部分重新学习，并且还要重新检测。这样，学生的学习情况就是由他们已经掌握的学习内容的多少来决定的。按照布鲁姆的看法，如果想要使大部分学生掌握更高水平的学习内容，就要在教学中注意影响学习的主要变量。

（2）掌握学习理论的核心思想和重要变量

掌握学习理论的核心思想在于让每个学生都有足够的学习时间。只要有足够多的时间，每个学生就都能够掌握一项学习任务。布鲁姆认为，有三个变量影响实际学习的时间量：（1）机会，即允许学生学习的时间；（2）毅力，也就是学生能自觉自愿学习的时间；（3）能力倾向，学习者在正常情况下掌握一种学习任务需要花费的时间。布鲁姆主张，如果有足够多的学习时间，大部分学生都是有机会达到目标要求的。要让学生能够自愿地学习其实需要提高学生的学习兴趣，纠正学生的学习态度。学生能够在适当的时间范围内掌握一定的学习内容就是教学的艺术体现。

在掌握学习的过程中要把握好三个重要的变量，这三个变量包括：学生的认知准备状态，在这个变量的含义是学生为了完成新的学习任务所需要的知识和技能的水平；第二个是情感准备状态，这一变量的含义是学生趋向学习的动机强度；第三个是教学质量，指的是教学适合学生的程度。这里具体解释一下，首先，学生在开始学习任务之前就已经具备了一定的知识和技能水平，但是每个学生的基础水平是有差异的，需要重点关注，这就是学生的认知准备状态。其次，学生在完成学习任务方面会受到学生之前的经历的影响，同时也会受到学生对学习结果期望的影响。这两点都属于学生对学习任务的情感状态。好的情感状态会有助于学生增强学习过程中的克服困难和面对挫折的勇气，心甘情愿付出更多的努力。如果学生在完成某个学习任务的时候出现了失败的结果，就必定会影响之后类似学习任务的完成。基于这种情况，教师要多鼓励学生，让学生有更多的机会展示自我。最后，教学质量包括三个方面，分别是教师如何提供学习线索或指导、学生参与学习的程度、教师如何强化学生学习。

2. 建构主义学习理论

（1）建构主义知识观

在建构主义观的观点中，知识是人们对客观现实的一种解释、推测和假设，并不是对现实的纯粹和客观的反映。知识并不是对问题最终的结论总结，人们的认识愈加深入，知识就会随着认识的深入更新，出现新的解释或者假设。因为有了一定的情境才产生相应的知识，学习者会根据自己的生活经验和实践经历将知识在自己的头脑中主动构建起来，因此可以说知识的含义是由个体赋予的。

（2）建构主义学生观

关于建构主义的学生观，主要有以下几点：（1）学生是独立的人，学习是学生自己的事情，不以教师的头脑为转移。（2）学生是发展中的人，具有很大的发展潜能。（3）学生是具有主体性的人，自学能力良好。（4）学生是独特的人，每个学生都有自己的独特想法。（5）学生是时代中的人，要随着时代的发展特征而成长。

（3）建构主义学习观

在建构主义的学习观中，学习是学生自己构建知识的过程，并不是简单地由教师将知识传递给学生的过程。学生构建知识是自己主动完成的，当然还需要教师的指导辅助，这并不是一个简单的、被动地接收信息的过程。知识的建构只能由学生自己完成，是没有办法让其他人代替的。对于学习过程的建构，主要包括两方面，一个是对知识意义的建构，另一个是对原有经验的改组。在建构主义学习观中，认为学习者原有的认知结构十分重要，因此更加关心此点，学习者在学习新的知识之前就已经具有一些知识和经验，因此学习就是在原有的基础上重新认识新的接触的材料，将知识的结构重新整合，建立自己的理解。我们说“学会知识”，并不是由他人“教会”的，是学习者自己领会了知识，在头脑中形成知识，是自己理解的建构。

（4）建构主义教学观

建构主义的教学观认为学习的主动性、社会性以及情境性十分重要，因此需要重点关注。另外，也要强调合作学习。建构主义强调的合作学习与维果斯基强调的社会交往在儿童发展中具有重要作用的思想具有一致性。在教学过程中，要将学生的原有知识和经验放在重要位置上，要促进学生对知识的内容拥有个性化的理解，并且学会独立思考。教学始终要以学习者为中心，学习者在教学中要发挥出主体的作用，教师不能像传统教学中一样，只是不断地给学生灌输和提供知识，而是要成为学生意义建构的帮助者和促进者。学生是学习的信息加工的主体。

3. 斯金纳的程序教学法

美国著名教育心理学家伯尔赫斯·弗雷德里克·斯金纳认为，学习过程是一种循序渐进的过程，教师需要在学生学习过程中恰当地给予学生强化，这会促进学生学习。

（1）程序教学法的基本含义

程序教学法指的是依靠教学机器和程序教材将学习程序呈现出来。这里的学习程序包括多方面内容，比如，学生的反应、问题的显示、将学生的反应正误情况反馈给学生等。这些程序是让学生进行个别学习的方法，其本质就是将学生掌握知识和技能的过程程序化。根据这些程序，学生可以独立进行个性化的学习。教师在整个教学过程中的作用就是担任建筑读者，也可以说是中间人的角色，学生有什么样的反应速度、效率或者效果等，教师就要给出什么样的反应，主要的作用就是让学生的积极学习行为得到强化、无论学生最终表达出什么样的学习效果，教师都能给出相应的反馈，这样长期下来就容易增加学生的学习积极性和动力。

（2）程序教学法的五大原则

斯金纳的程序教学法包含五个原则：小步子原则、积极反应原则、即时强化原则、自定步调原则、低错误率原则。

第一，小步子原则也就是循序渐进原则。在这一原则中，要将学习内容分割成许多小的学习单位，这些学习单位之间是相互联系的，但是其难度却是逐级增加的。这样，学生面对的是一个个难度较小的学习任务，而不是一个很大很难理解的知识网络。每一个学习单位对于学生来说，通过努力都能够逐步掌握。最终达到提高学生的学习积极性的作用。

第二，积极反应原则。一旦学生在学习过程中有了一定的学习问题或者表现，教师就要及时对其做出反馈和指导，这样学生和教师之间交流互动的机会增多。在传统的教学模式中，一直都是教师在单向授课，学生只能被动听课、做笔记，师生之间缺乏必要的交流与反馈。

第三，即时强化原则。学生的行为受到行为结果的影响。根据这一点，教师如果想要学生在一些学习任务中得到相应的行为反应，就要在学生行为之后不断强化。如果学生形成了良好的学习习惯或者学习行为，但是却得不到强化，这种行为就会慢慢消失。因此，学生的学习积极性需要教师的奖励和肯定。还要注意的是，强化和学习行为之间的间隔时间不能过长，否则强化效果将会大大降低。

第四，自定步调原则。在学习的过程中，学生要根据自己的实际情况循序渐进地开展，学会量体裁衣，学习的进度要符合自己的学习效率和真实的能力水平。

第五，低错误率原则。教师要在教学过程中深入浅出，让学生经历从已知到未知的过程，无论是已知还是未知的内容，都要让学生尽量做出正确的反应，可以出现错误，但是要将错误率降到最低，不断将学习的效率提高。学生要自己制订学习计划，要在学习每一个小的学习单位时，都能够基本掌握学习内容。因此，在正确的行为和观念的支持下，再加上教师不断的积极强化，学生能够始终对学习抱有兴趣，增强学生学习的积极性，最终激发出学生学习的内在动力和潜能，使其热爱学习。

（二）翻转课堂的心理学理论基础

1. 维果斯基的最近发展区理论

除了掌握学习理论和建构主义学习理论外，还要知道最近发展区理论也属于翻转课堂的重要理论基础。虽然教师将授课的视频传递给学生供学生观看学习，但学生并不是所有内容都能看懂，此时可以让学生将看不懂的记下来，教师再在课堂上进行集中讲解。这种讲解在学生的最近发展区，能够有效地促进学生向着潜在的发展水平发展，从而减少课堂上时间的浪费。

（1）学生的发展有两种水平

关于学生的发展水平，分为两种，一种是学生现在已经达到的发展水平，另一个是学生可能达到的发展水平。最近发展区就基于这两种水平之间的差距形成。在教学上对学生的最近发展区进行了解十分关键，因为这个区域代表着学生在短时间内可能达到的发展水平，也就是学生的发展潜能，教师可以根据这一区域判断学生的发展方向和趋势。

在教学中，教师对学生布置的学习任务应该有一定的难度，这样才能激发学生学习探索的兴趣，调动其学习积极性，将潜能激发出来，不断提高自己的发展水平，这样最近发展区也会随着整体水平的提高而提高。

（2）最近发展区理论的三层基本含义

在第一层基本含义上，最近发展区理论认为教学对发展起到了积极的促进作用。一个好的教学要始终走在学生发展的前面，最近发展区理论帮助学生向着更高一级的水平进步，有效促进了学生的发展。教学的目的是促使学生的最近发展区转化为学生的现有发展区，由“不能”变为“能”，由“可能”变为“现实”，其实也就是突破学生现在发展水平的限制，将学生推向更高层次的发展。当然这个过程需要循序渐进，最终才能实现学生最大可能性的发展。

第二层基本含义认为学生是自身发展的主体，只有处在社会交往的环境中，学生才能获得发展。作为一个独立的社会存在，学生对自身的发展起着主要的作用，其拥有自我发展的主动权。对于自己的发展，学生需要自己承担责任，要始终坚持学生在社会交往中和成人有平等的地位，可以独立自主地表达自己的思想和情感。

我们应该给予学生表达自我、展示自我的机会，鼓励其积极主动追求发展并为其提供平等对话的社会环境。只有二者形成合力，才能促进学生发展。

最近发展理论的第三层基本含义对教学促进学生发展的条件、途径和机制进行了揭示。首先，教学促进学生发展的条件是教学必须走在学生发展的前面。教师要为学生提供较高层次的学习内容和学习指导。其次，在探索促进学生发展得到真正实现的途径和机制时，可以利用合作式的发展方式帮助学生不断解决问题。搭建最近发展区，教师适时地为学生提供恰当的支持，让学生可以成功跨越最近发展区，激发其发展潜能，让这些能力可以转变为学生现实真实具备的能力。如果想要学生尽快跨越最近发展区，就一定离不开教师的帮助和支持，并且这种帮助和支持必须恰当。此外，还要增加教师和学生之间的互动质量。

2. 皮亚杰的相互作用理论

在皮亚杰的相互作用理论中，发展的最高原则就是先天的平衡过程。这种平衡过程让“同化”和“顺应”之间可以持续相对平衡的状态，在这种情况下，发展才更加具有连续性。促进成熟的因素和经验包括社会影响可以有机结合，这样个体才能以确定的步伐和顺序向着更高的水平和平衡状态发展。

“同化”指个体对环境的作用，“顺应”指环境对个体的作用。可以说，“同化”就是认知结构数量的扩充，也可以称为图式扩充，“顺应”则是认知结构性质的改变，也就是图式改变。只有通过“同化”和“顺应”，认知个体才能和周边的环境达到平衡的状态。认知个体根据现有的图式“同化”新信息时，人们的认知状态就趋于平衡，但如果现有的图式不能将新信息“同化”，平衡就必然会被打破。因此，为了重新建立平衡，就必须修改或者创造新的图式，也可以寻找新的平衡，这个过程也就是“顺应”的过程。通过“同化”与“顺应”，个体的认知结构一步步建立起来，这就是皮亚杰的建构主义认识论的基本观点。

皮亚杰的相互作用理论是翻转课堂的理论根基。在教学过程中，学生已经具有的知识水平是教学的前提。因此应根据教学的目标和学生的情况为学生提供适合的教学材料，包括导学案和微课。这样学生在学习的过程中就可以感受到不同的学习状态，不管是平衡的还是不平衡的。如果学生想要学习新的知识，就一定要将自己原有的认知结构改变，努力达到学习目标（即获得认知结构上的平衡）。

第二节 高校英语构建翻转课堂的可行性分析

一、传统课堂教学与翻转课堂教学的对比研究

（一）传统教学方法在英语教学中的效果

1. 问答法

问答法在传统的英语教学中就已经开始采用，属于最传统的教学方法之一。学习者可以利用这一教学方法训练英语，并且可以起到不错的教学效果，在这个过程中，教师对教学内容和语言的难度控制更加容易。同时，问答法有利于帮助学习者打下良好的语言基础。但是这种教学方法也有一定的弊端，因为这种教学方法往往以教师为中心，教师在课堂上提问，学生被动回答。如果长期使用问答法，很容易养成学生的懒惰心理，学生不会去独立思考，也不会主动提出问题，从而慢慢对英语失去兴趣。另外，在实际的教学过程中，问答法也并不能被很好地利用起来。同时，教师的教学水平也影响着这种教学方法的使用。一般来说，人们提问问题的目的，是希望可以得到自己不知道的信息，但是在教学上的提问，尤其是课堂上的提问，教师本身持有正确答案，提问的目的就变成了考查学生。学生回答出正确答案也并不能起到传递信息的作用，师生之间也并没有真正起到沟通的意义。

2. 讲故事法

讲故事是一种古老的教学方法。至今为止，在有些国家，讲故事仍然是唯一的教学方法。它是学生练习英语的最基本的方法。

在传统的课堂上，英语教师更加看重对学生的语法训练，一旦发现学生有语法上的错误，就会立刻纠正，这样必定会影响到学生讲故事的流利程度。但其实，在英语教学中，采用讲故事法其连贯性十分重要，与其相比，语法的准确性其实可以放一放。由于讲一篇故事需要花费不短的时间，而一节课的时长是有限的，只有几个学生有机会展示，那当这个学生上台讲的时候，剩下的学生只能被动地听，没有什么参与感。基于这种情况，可以采用两人一组或者四人一组合作讲故事。但是这种方法也有一定的弊端。当所有的学生都可以参与进来时，他们进行

的话教师并不能全都听清，一些语法上的错误就没有办法听出来。另外，所有学生一起讲故事也会造成学生之间的干扰。

（二）传统教学的优势与劣势

以教师为中心是传统课堂的教学特点，教师始终作为课堂的主导，英语教学更是以阅读为主。传统课堂教学法一般会运用“激发学习动机、复习旧课、讲授新课、运用巩固、检查效果”五步教学法，这种教学法的优势和弊端都十分明显。在优势方面教师可以根据学生整体上的实际水平因材施教，根据学生的情况不断调整教学内容，不断改进教学方法。教师拥有丰富的阅历和经验，因此完全有能力为学生作最详细、最精彩的讲解。其中最为显著的特点是，教师可以在台上授课的时候和学生产生眼神的交流，根据学生的反应调整授课方式和内容，这样，也增加了师生之间的交流机会。在弊端方面，首先，最为明显的是教学手段十分单一，整个教学的过程机械单调。这种环境下教学过程中十分枯燥，没有和真实的语境环境相连接，学生的积极性不高。其次，教师的板书过多。板书占据大量的教学时长，教学的信息量反而减少。

（三）与传统课堂相比翻转课堂的特点与优势

1. 翻转课堂的特点

（1）教师和学生的课堂地位的改变

在传统课堂上，教师是主导者，学生是被动的接受者。但是到了翻转课堂上，这种角色的模式发生了改变，教师的课堂地位下降，不再居于主导者的地位，转变成学生学习的引导者和指导者，帮助学生走向正确的学习方向。当学生遇到问题，教师会适时予以指导和帮助。相反，学生的地位得到提升，成为课堂上的第一重要角色，居于主体地位。

（2）教学手段的变化

在传统的英语教学中，教学手段十分单一，主要的手段就是教师的课堂讲授，大部分教师还会使用幻灯片课件进行辅助。但是到了翻转课堂上，教学手段更加多样化，教师可以利用信息技术和网络技术的优势，从海量的教学资源中搜集到自己想要的、适合自己学生的教学视频，并且还可以自己制作教学视频做补充，通过图片、动画、视频等各种形式传递给学生教学内容，提升趣味性的同时降低了教学的难度。另外，利用互联网技术，师生可以在教学平台上互动交流，这样就将传统课堂上的时空限制打破，提高了教学的效率。

（3）教学环节安排发生了调整

学生在传统的英语教学中一般都是在课堂上学习新知识，等到了课下将课上的知识进行消化和巩固，但是翻转课堂与此正好相反，新知识的学习搬到了课下进行，课堂上只进行学生问题的探讨和解决。

2. 翻转课堂教学模式的优势

翻转课堂最为显著的优势，就是将教学的方式改变。以往的课堂上，教师全程站在讲台上不停地给学生输出一个小时的课程，而翻转课堂则将这种模式改变。通过翻转课堂，我们得以重新定位师生之间的关系。我们要实施翻转课堂教学模式的原因可以从以下三方面阐释。

（1）教师方面

首先，让学生和教师之间的交流机会增多。通过师生交流，老师对学生的情况能实时了解。远程教育在网络技术的推动下不断发展，但是在这个过程中有的人认为学校会逐渐消失，提出了学校“消亡论”。这种看法是片面的，它将教师和学生之间的交流意义忽视了。

其次，促进了教师的职业发展。教师之间相互学习交流，改进教学方式，可以互相借鉴学习其他同事的微课程制作方法，了解更多的概念解读方式，这样就有利于自己教学内容和过程的改进。有的网络还会专门为师生提供开放性的窗口，让他们有机会看到所有教师的课堂。当然这只是一种理想状态，由于教学任务十分繁重，教师不可能将其他老师所有的课程都学习到。

最后，教师在课堂中的角色被改变。通过翻转课堂，教师不再是讲台上的“圣人”，而是亲切地走下讲台，为遇到问题的学生答疑解惑，与学生沟通探索，解决问题。可以说，这个过程可以将教师当作“教练”的身份，让教师起到引导者的作用。教师可以不断鼓励学生，让学生充满信心。

（2）学生方面

①翻转课堂道出了学生的心声。

当今社会，学生从小就是伴随着QQ、微博等平台以及各种数字资源长大的。因此，为了顺应时代的潮流，教育要接受数字文化，将数字化资源转变成为学生服务的资源。翻转课堂就鼓励学生利用好自己的电子设备，允许学生将其带进教室，学生之间合作学习，师生互动，这样会形成更加具有活力的课堂。

②教会学生对自己的学习负责。

学生在翻转课堂的教学模式下更加容易承担起学习的责任。学习在这种模式下不再是对自由的一种负担，而是一种探索、一种挑战。学生从教师手中接管自己学习的控制权，教师被解放出来。翻转课堂教学模式让学生明白，学习的价值并不代表高分数和老师的评分。同时，翻转课堂让学生学会学习，并不是一味地去记忆。

③翻转课堂帮助繁忙的学生和学习困难的学生。

在学习过程中，学生有可能会遇到这样那样的问题而缺席一些课程，比如有的学生因为需要参加各种校园竞赛或者生病请假等各种因素没有跟上课程的进度，而利用翻转课堂，学生就可以将这部分课程补充上来。这是因为教师会将教学的课程上传到网络平台上，学生只需要找到课程视频补充学习就可以。在传统课堂上，教师的教学步调是一致的，并不会因为接受能力强的学生加快教学进度，也不会因为接受能力差的学生放慢教学速度，这种情况可能对成绩优秀的学生影响不大，但是对于学习困难的学生只会在进度上越拖越慢，影响学习的效果，打击他们的自信心，严重的会变成学困生。有了翻转课堂的平台，这些学生可以及时弥补上来，跟上进度。

④学生可以自定步调学习。

传统课堂中，老师在讲台上授课，学生在台下听课，学生是一种“静听者”的角色。在教学中，教师往往会将最精华、最重点的知识和信息放在课程中，在课堂上传授给学生，知识点的重要性也使得教师希望学生能够对自己所讲的知识理解、掌握。但是学生的认知和理解水平是有差异的，总会有部分学生可能并不能完全掌握课堂上的知识和内容。但是在翻转课堂上，学生具有远程控制的权力，可以根据自己的理解情况选择暂停或继续，或者选择自己需要的内容。

⑤学生有机会向其他老师学习。

一般情况下，学生会对自己的老师录制的视频更加偏爱一些，认为自己老师录制的视频更加重要，但是有部分学生会寻求更多的理解问题的角度，他们会从其他老师的视频中获得灵感。每个老师对同一个知识或者问题的解读都是不一样的，这样多观看更多老师的视频有利于学生获得更多解决问题的思路。

⑥增加了与老师个性化的接触时间。

在翻转课堂上，教师安排了学生自由讨论的环节，教师会走下讲台，去到学生中发现学生的问题，专门为学生答疑解惑。教师和学生的互动机会增多，教师也可以对学生的学习情况了解更加深入。

（3）课堂教学方面

首先，重新分配了课堂的时间，这样课堂的时间利用会更加高效和具有创造性。在以往的课堂教学模式中，教师往往会拿出大部分的时间去给学生讲授课程，很少有时间和学生进行交流，这种情况在翻转课堂上被打破，教师在课堂上的主要任务再不是授课了，而是将重点放在了教学和促进学生学习上，这样有利于促进学生进行交流和实践。如果学生在学习视频课程的过程中遇到问题或困惑，完全不用着急，就可以等到在课堂上寻求教师的帮助，或者就这些问题和同学交流、探讨，教师也会在其中起到良好的引导和帮助作用。其次，翻转课堂教学模式让课堂动手操作活动更深入。学生在学习知识或获取信息、解决问题的时候离不开手动操作活动，最为明显的是科学课程。因为知识的理论阶段获取并不是最终目的，还需要经过实验最终完成深度学习。学生参与实验操作活动的过程也是在实验过程中、在体验中建构科学理论知识的过程。

（4）家长方面

通过翻转课堂，家长也可以了解到学生的学习情况。家长的知识文化水平是有限的，虽然有的家长学历水平高，但是其并没有受过专业的教育学培训，并不能帮助孩子解决学习上的问题，并且随着孩子的学历提升，尤其是进入大学阶段，家长更不能为其提供学习上的帮助了。在翻转课堂中，家长也可以和自己的孩子一起观看教学视频，不断提升自己，更新储备的知识，可以就视频和孩子讨论学习上的问题，这就增加了父母和子女的联系，有利于他们之间的情感沟通。家长通过翻转课堂的教学平台，可以了解自己孩子的学习情况，知道孩子的表现情况。

二、翻转课堂在高校英语教学中的应用优势

翻转课堂与传统教学模式完全不同，在翻转课堂上，教师可以根据自己的教学计划布置课前预习的内容，学生通过“云课程”及其他媒介在课前主动进行学习，教师对学生学习过程中的困难进行启发、排解，师生之间实现平等交流，学生在课后进一步通过实践来深化知识。简言之，由先教后学到先学后教，实现课堂的翻转。近年来，翻转课堂同样在国内引起了巨大的反响。作为一种基于信息技术的新型教学模式，翻转课堂颠覆了传统教学流程，大力引导学生展开自主学习。作为一种新颖的成功授课模式，翻转课堂为我国英语教学改革提供了有益的借鉴。

第一，弥补传统教育模式的不足。在传统的高校教育中，理论知识的传授往往放在重要位置，学生的知识吸收程度和真实的掌握情况并不会在英语教学中被强调，尤其是在课堂上，师生之间缺乏交流互动，因此课堂的效率也不高。如果高校英语教育实施翻转课堂，不仅可以发挥出传统教学模式的优势，还能加上信息化教学模式的优势，增强师生互动交流，将课堂的教学质量提升。

第二，帮助重新定位师生角色。在传统课堂中，教师是权威的支配者，学生只能作为被动的接受者接受知识，翻转课堂使得师生的关系更加自由平等，教师在课堂的主要任务不再是理论的讲解，而是引导解决学生的问题，学生可以参与小组合作探讨，并且有更加充足的自主学习时间，这样课堂的氛围也会更加良好，促进了大学生英语核心素养的培育。

第三，提高英语教学的针对性。在以往的高校英语听力教学中，一般的模式都是教师将要听的录音材料播放出来，学生收听材料，这个过程往往是反复的，慢慢将学生的英语听力能力培养出来。但是这个过程必然要花费很多的时间和精力，并且还未必能达到理想的效果。在翻转课堂中，学生完全有时间和资源去自主补充自己听力上的不足，自主练习，和师生在课堂上或者平台上用英语互动交流，提高自身听力水平的同时也能增强自己的英语表达能力。

第四，有助于实现因材施教。进入大学，每个学生的英语基础和学习能力是不同的，如果仍然采用统一化的教学模式，并不能让每个学生都满意。翻转课堂有助于学生结合自己的实际情况，学生可以根据自己的需求和问题，有选择地观看教学视频，并且还可以进行反复观看，还有机会和师生沟通交流。这也是一种因材施教。

三、英语翻转课堂未来在我国的发展方向

基于翻转课堂的慕课的最大的特点是以“将世界上最优质的教育资源传播到地球最偏远的角落”为理想，它的最终目标是想让全球所有的学生都有机会享受到全球顶尖教师的免费课程。还有人根据慕课的愿景形容慕课可以使全球的一门学科只需要一个教师。慕课上的优质教学资源在全球的任何一个地方都能享受到，同时这些资源没有时限，还可以“移动”，人们去到任何地方都可以学习到，并且经过几十年之后还可以学习。慕课是继班级授课制之后最大的一次变革，这一变革使得教育超越时空界限，全民共享教育资源。

运用翻转课堂可以帮助贫困生和其他不能到课堂上课的学生。在以前，学生如果因为生病或参加活动不能上课，将落下的课程补上来十分麻烦，只能是事后教师给学生补课。但是利用翻转课堂英语教学模式，学生利用教学视频就可以在家里、在任何时间学习，不需要教师补课。如果将每一学科的核心内容全部制作成教学视频共享，普通学校的学生也可以获得与重点学校的学生相同的优质教育资源，这将会减少教育的不公平，可谓意义重大。

翻转课堂教学模式是信息技术推动教育改革的体现。随着翻转课堂理念的传播，越来越多的英语教师在教学实践中采用翻转课堂教学模式，这推动了翻转课堂教学模式的丰富和发展。翻转课堂教学模式下的学科教学研究将会逐步开展，学校管理制度和学生管理制度也会相应得到完善。同时，伴随着信息技术的进一步发展，高新技术应用于教育教学中，必然会推动翻转课堂的进一步优化。

虽然，英语翻转课堂的理念十分先进，但是，我们都不能急功近利，要加强探索，找到一条适合于我们实际情况的道路。我们要了解到，前景是光明的，道路是曲折的，但是只要是有益于学生全面发展的、有助于培养创新型人才的方法都值得尝试。

第三节 基于翻转课堂的高校英语教学实施

一、翻转课堂教学模式的要素

相关学者经过研究后提出，翻转课堂模式的构成要素包括三个方面：课前教学内容的有效传达、课中内化活动的有效进行、课后学习效果的客观评价。

（一）课前教学内容的有效传达

在翻转课堂中，课前教学内容的有效传达是教学的基础。当前，我国翻转课堂在传达教学内容时采用的是两种形式，分别是视频和纸质学习材料。目前，翻转课堂课前教学的基本方式是教学视频。对于教学视频的来源，教师可以尝试以下两种途径：（1）制作视频。对于翻转课堂中所使用的视频，教师可使用录屏录音软件、电脑、手写板、麦克风等设备进行制作，并遵循以下步骤：第一步，教师可以使用录屏软件来捕捉电脑屏幕上幻灯片演示和电脑操作轨迹。第二步，利用麦克风来录制讲述的音效。第三步，利用手写板实现平常书本上的书写效果。第四步，利用音频编辑软件加工录制的声音。除此之外，教师还需要关注视频的画面质量。需要特别说明的是，教师制作的视频应短小精悍。当前高校学生的生活是快节奏的，视频只有短、快才会受到欢迎。如果视频太长或内容太过复杂，往往会引起学生的反感。（2）使用现成的教学视频。使用现成的教学视频是教师的最佳选择，主要基于以下两个方面的考虑：第一，教师在面对视频录制仪器时可能会产生紧张的心理，这会严重影响教学的进程与效果。因为视频录制通常是教师面对机器自言自语，这与传统授课形式带来的心理感受完全不同。第二，教师的教学任务十分繁重，没有时间和精力来制作视频。因此，如果可以在网上找到该门课程的高质量教学视频，那么教师就可以节省很多精力。当前，网络上关于教学的视频多种多样，在尊重作者权益的前提下，教师可以自己下载或安排学生进行搜索下载并在教学中使用。

（二）课中内化活动的有效进行

教师在翻转课堂的组织过程中要注意以下几个方面：（1）对于英语教学，英语导读类课程比较适合翻转课堂，这类课程可以通过计算机网络中心展开。学生在课下学习教师安排的知识内容，课上教师对重难点进行解释，随后可以通过计算机网络中心实现在线测试。学生在完成测试后可以及时获取网络学习资源与背景知识，同时与自己的测试结果进行对比，从而巩固所学的知识点。（2）英语课程包括语言、文化两方面因素，教师在安排学生学习时，要按照从初级认知的识记理解到高级认知的综合应用这样一个逐步递增的过程进行。教师在安排学生学习语言知识、文化现象的同时，还需要组织与此相配合的学习活动，让学生在已有知识的基础上加深对不同文化知识的理解。（3）个体学习与合作学习相结合。个体学习有助于学生充分完成识记、领会等教学目标。

（三）课后学习效果的客观评价

在翻转课堂教学模式中，学生学习结果的评价同样重要。对于翻转课堂中所采用的个性化学习测评，主要依靠教师在平常与学生接触的过程中所形成的评价。教师需要依靠自己的教学经验来判断学生对知识的掌握程度。这其实是一种即时测评，优点在于有利于纠正学生对知识的误解，并根据学生的认知差异为学生提出合理性的学习指导。由于翻转课堂兴起的时间尚短，其评价方式还没有形成一定的系统与规范。因此，翻转课堂的学习评价主要是要求教师与学生保持及时的沟通与交流，根据学生的个性特点进行引导。另外，教师还需要为学生提供多种渠道来展示学习成果，从而让学生建立起足够的自信心与成就感，促进他们更有动力地去学习。

二、高校英语翻转课堂的应用现状

当前，教育领域已开始普及和应用翻转课堂教学模式。这一应用使得教学模式产生了巨大的变革，让传统教学中知识传授和知识内化这两个阶段完全颠倒过来，教师不再是学生学习的支配者，学习的主体变为学生，教师转化为辅助者。但是，变革的道路总不是一帆风顺的，会遇到各种各样的问题，要想实现翻转课堂在高校英语教学改革中的顺利推行，就要对现状问题有一定了解，并对此制订对策。

（一）学生自主控制时间能力较弱

在翻转课堂教学模式中，教师选择优质的教学资源，自己录制教学视频，并传递给学生供其在课前学习，到了课堂上师生就有更多的时间和机会互动交流、解决问题，有利于课堂效率的提高，教师更好地完成教学任务。但是反过来，在时间和空间上给了学生更多的自由，使得那些自制力比较差的学生，没有教师的约束和组织，很难凭借自己的自制力完成学习任务。再加上，学生从接受教育开始就不断适应深化被动学习的角色，这种观念和习惯一时很难被打破，学生并不能一下子就习惯主动学习，这需要一个养成的过程。另外，翻转课堂中除了课堂上的环节，学习的过程还包括很多要素，除了看视频学习，学生还要独立完成相应的预习、资料查询、练习等，这一系列环节都需要更高的自主能力作为支撑。教师面对这种情况不能操之过急，要给予学生充足的时间适应，使其摸索出适合自己的翻转学习模式。

（二）学生的主体地位不易实现

翻转课堂可以让课堂的互动性不断提升，尤其是师生之间的互动和生生之间的互动，将传统的教学方法不断改善，转化学生和教师的角色地位。翻转课堂可以将学生的主动性和参与性调动起来，提高了学生学习的效率。学生的地位和角色发生转变，不再是被动地接受知识，变成了课堂的主体，遇到问题可以在课堂上在小组探讨，共同解决，教师还会从旁指导、协助，这个时候教师就是一个协助者和指导者的身份。虽然互动性的理念是正确的，但是真正实现这种效果还是有一定难度的。因为，总有一部分学生因为各种原因不能完成视频的学习，这样到了课堂上会带着困惑，在其他教师和学生在根据问题探讨、解决的时候这部分学生会变得无所适从，其实就是没有抓住自己的主体地位。另外，学生的个性不同或者学生不能适应新的教学方式，在小组讨论和协作的时候会格格不入，不够配合，这也必将带来不良的效果。学生对角色的转换是需要一定的适应时间的。

（三）学生差异性较大

在高校的英语教学中，学生的英语水平具有差异性是一种客观事实。学生的个体差异性是高校英语教学所要面临的重要难题，为此，很多学校实施了"精英班”“试验班”等分层教学的模式，也取得了一些成效。

翻转课堂在高校英语教学改革的应用中会面临同一问题，学生英语水平高低不同，难以以一种方式、一个标准推行翻转教学，而分层教学及分层考核是应对这一问题较理想的办法。将学生按照不同的英语水平编排班级，保证英语程度大致一致的学生组成一个授课单位，在学习过程中可以实现进度一致，不会像传统班级那样出现较大的断层现象。

而程度相近的学生一起学习，还会激励优秀学生变得更优秀，同时保护落后学生的自尊心，使得教师的教学工作更容易顺利展开、工作量被适当降低。分层教学不仅很好地解决了翻转课堂与学生的对接，同时还为师生双方带来诸多益处。翻转课堂与分层教学的结合，有效解决了教学层面所面临的学生水平不等的问题。与之相匹配的便是分层考核，在分层教学的基础上进一步实施分层考核，做到科学、合理、准确地评测学生在自己所属层面的学习成果。

（四）“翻转”对教师提出更多、更高的要求

翻转课堂需要教师做更大量的准备工作，且需制作大量视频，这对教师的教学经验、全局把握、数字信息技术水平等都是巨大的考验。成功的翻转课堂是教师能力的相应体现，而除具备较强能力外，教师还需要承担更大、更多的工作量。为实现较理想的翻转课堂效果，高校需要相应调整教师的课时数量，过大的工作量显然无益于教学质量；营造利于学生自学的校园氛围、培养学生的自学能力和习惯，为翻转课堂的成功过渡做好铺垫；搭建数字化校园，为翻转课堂做好技术保障。

三、高校翻转课堂教学模式实施流程

目前，翻转课堂教学模式越来越普及，包括中国在内的很多国家已经开始进行翻转课堂教学模式的实践行为。然而，由于翻转课堂还未形成系统全面的教学模式，很多地区的翻转课堂教学模式在施行方面只是提出了大致的操作策略，并且不同的学科在实践操作上也存在着很大区别。相关学者经过研究后，提出了翻转课堂教学模式应用的基本流程。

（一）课前安排

课前安排方面，教师要为学生准备充分的学习资料，如英语参考书籍、电子教材、微视频教程、国内外相关英语专题的网址等。下面以微视频的设计为例进行说明。微视频是目前翻转课堂常用的学习资源，它具有很强的针对性，是课前学习的核心内容。教师可以根据每堂课的课堂学习目标准备两三个微视频，一个微视频仅介绍一个知识点就足够了，如果内容太多则会影响学生的学习效果。对于微视频的设计，教师需要注意以下方面。

第一，学生在课前学习过程中可以利用网络软件与其他同学展开积极地沟通与交流，排除自己学习过程中的疑问与难题，促进彼此学习成绩的共同提高。

第二，英语教学视频的互动性、视觉效果、时间长度等对学生的知识习得具有很大影响，教师在微视频中要合理设计学习内容与课前练习的数量、难度等，以帮助学生在已有知识的基础上向新知识过渡。

第三，在设计微视频时，教师还需要顾及学生的适应能力。学生在刚接触视频学习时往往很难集中注意力进行听讲，只是专注于笔记。为了改善这种局面，教师可以为学生提供视频的副本，解除学生的后顾之忧，引导学生关注当期视频中的学习内容。

第四，在制作微视频时，教师不仅要重视整体上的视觉效果，更要突出学习的主题、要点，根据知识结构来设计互动活动，为学生构建形式新颖、内容丰富的学习平台，使学生产生极大的学习兴趣。

第五，微视频制作完成后，教师可以将视频上传到学校的网络上，方便学生随时下载学习。

第六，学生学完微视频中的内容后，要对自己的学习进行总结，将疑问反馈给小组长，然后由各组的小组长汇总给教师。这种方式有利于学生的个性化学习，学生可以根据自己的情况选择学习资源与时间。

（二）课堂教学

翻转课堂教学模式的教学过程大致可分为五个步骤：合作探究、个性化指导、巩固练习、反馈评价和课程总结。下面进行详细介绍。

1. 合作探究

首先，教师将学生进行合理分组。合作探究学习从本质上来看就是小组学习的一种有效形式，所以教师需要先将学生进行分组。在合理探究学习的过程中，小组各成员之间的搭配与结构是至关重要的，这要求教师在合理分组时注意每位学生的知识基础、能力高低、性格特点等，在此基础上才能实现合理分组。合理分组的目的在于均衡小组成员自身的各项特点，从而有利于他们开展良性的合作与竞争。由于小组内各位成员自身的知识水平不同，教师在划分小组成员时应该按照“组间同质、组内异质”的原则进行，如此一来，学习成绩较好的学生就可以帮助和指导学习成绩较差的学生，他们在共同任务的要求下会通过相互合作来完成，这样还可以大大提升一些参与教学活动热情不高的学生的参与热情。在小组内部，各位成员都有自己的位置，在不同的任务阶段发挥不同的作用，从而顺利解决问题和完成教师安排的学习任务。每位成员在任务面前都不能偷懒，必须积极思考和参与，合理分工，明确自己的阶段任务。

其次，策划和提出学习过程中的问题。在开展合作探究的学习过程中，教师为学生安排的学习内容要具有可操作性，教师为学生安排的讨论问题同样也需要具有开放性。在课前，教师需要以学习的具体任务为前提，为小组内每位成员都安排相应的学习任务，同时为他们规定完成这次任务的时间。需要明确的一点是，教师的学习任务不能太笼统，这样小组各成员在完成任务时就有可能出现出力较多的成员及完全不出力的成员，如此不仅没有实现学习任务的最终目的，而且也不利于小组成员合作精神的培养。在合作探究学习的过程中，教师作为引导者，应该为学生制订和安排具有一定难度系数的任务，这样可以最大限度地调动他们学习的兴趣与积极性。教师还可以为不同的小组布置不同的任务，促进各小组之间相互学习、共同提高。

最后，学习任务的合作应用与过程控制。在小组各成员开展合作探究学习时，教师不必在一开始就让他们共同完成任务。事实上，在任务刚开始时，教师应该让小组各成员根据任务的要求开展讨论与研究，让他们进行独立思考，这有助于他们形成独立的思维，之后小组各成员之间开始就自己思考的结果展开交流，在讨论中发表自己的观点，最后就所有的观点与看法经过汇总后达成一个每位成员都满意的结果。小组中还可以通过民主的方式选举一个发言人，将小组讨论的最终结果反馈给教师。

2. 个性化指导

所谓个性化指导，是指教师为小组成员解答问题。在小组成员合作探究学习的过程中难免会遇到各种各样的问题，教师可以针对小组所遇到的这些问题展开具体化、个性化的指导，帮助他们排除学习进程中的障碍。当然，如果各小组遇到的一些问题具有普遍性，那么教师则可以集中予以回答。

3. 巩固练习

简单来说，巩固性练习就是在教师为学生进行个性化指导之后，各小组成员对学习任务的结果进行总结和归纳，然后通过一定的练习来加深印象，对学习进程中的重点、难点及时进行巩固。在这一阶段，教师可以适当安排小组之间开展知识方面的交流，这样有助于他们将学习成果及经验进行共享。

4. 反馈评价

就是对小组合作探究学习后的结果进行评价。教师不仅要评价学生的学习过程及结果，还要对小组之间、小组内部各成员的表现进行评价。在评价过程中，教师要重视小组任务的整体完成情况，不能仅仅关注某些成绩较好学生的表现。另外，教师还需要重视小组中每位成员参与任务完成过程的积极性、主动性，对一些具有独创思维的成员给予合理的、恰当的评价，不仅可以让小组其他成员向表现优异的成员学习，而且可以激发组内成员相互学习、共同进步的热情。此外，它不仅可以为小组成员树立榜样，还可以减少少数学生所具有的依赖性，有利于合作探究学习的顺利完成。

5. 课程总结

在这一阶段，教师安排各个小组之间展开交流，彼此沟通学习进程中的信息，同时对这些小组成员的具体表现给予合理评价。这一阶段教师需要注意的方面是，尽量给予学生积极向上的评价和鼓励，不要打击、批评他们，从而确保每个小组都能圆满完成学习任务。

综上所述，英语翻转课堂教学模式不仅要强化课前预习的效果，更要注重课堂学习的效率。对英语翻转课堂教学模式而言，技术工具、信息资源是学生展开学习的基础所在。在当前信息技术环境下，各种教学资源、软件等十分丰富，教师需要广泛收集这些学习资源。对于教师而言，其重要任务是通过课堂活动设计来完成学生知识的内化，这同样也是翻转课堂教学模式的目的所在。对此，教师在设计课堂任务时应充分利用情景、写作、会话等要素，引导学生体验知识，实现知识的内化。另外，教师还需要引导学生利用网络大环境展开主动、自主的学习、社交及对未来职业的规划。翻转课堂能否真正实现学生的个性化学习，在很大程度上受制于教师能否引导学生合理制订学习计划、使用学习工具。

四、翻转课堂教学模式在高校英语课堂教学中的应用

翻转课堂的教学模式较传统教学模式有了很大程度的创新，能够适应当前课程改革发展的需要，也能够满足当前高校对学生英语水平的要求。

（一）高校英语听说课堂中对翻转课堂教学模式的应用

大学英语中，听、说能力的培养是英语教学中不容忽视的重要目标。当前，大多数高中学校片面地追求学生的应试能力，忽视听、说能力的培养，形成了所谓“哑巴英语”局面。进入大学课堂，面临全国四、六级英语考试现状，其基础及实际的教学开展可想而知。究其原因，还是听说课堂中，教师仅仅强调学生听的能力，给予学生说的机会很少，这样一来，学生对于英语的语音、语调以及口语交际方面掌握较少，很难发挥听说课堂的实际作用。而将翻转课堂教学模式应用其中，能够大大改善这种情况。在听说课堂中，将听作为学生课前学习的内容，将说作为课堂交流活动的中心内容，这样既能够锻炼学生的英语听力，又能够增加课堂口语练习的时间，一举两得。

（二）高校英语精读课堂中对翻转课堂教学模式的应用

从当前的情况来看，高校在落实教育改革方面力度不够，一些高校仍处于传统教学阶段。在精读课堂中，主要依靠教师系统讲解，学生被动接受、选择性听取知识，这样，学生厌倦了课堂模式，抓不住学习重点和知识要点，达不到教学的目的，将翻转课堂教学模式应用在高校精读课堂教学中，能够有效解决这一问题。将翻转课堂教学模式应用在高校英语精读课堂中，教师可以运用项目式的学

习方法达到教学目的。即教师在备课阶段，需要结合教材实际内容，将具体的教学方法、教学步骤、教学内容和相关要求，以及能够引起学生兴趣的案例制作成丰富合理的教学视频，并通过网络教学平台上传。

（三）高校英语写作课堂中对翻转课堂教学模式的应用

英语课本身作为一门语言课程，自主性的学习效果更优于教师强制性的学习效果，翻转课堂正是与这一要求相一致。英语写作领域，不仅要求学生具有丰富的语言知识，还需要学生深入了解英语国家的文化知识以及中英文写作模式的差异，这样学生才能够写出佳作。在写作教学中，应用翻转课堂这一模式，能够充分挖掘学生的自主学习能力，全面提升课堂的互动效果，学生与学生、教师与学生之间能够通过交流与合作，完成对词汇、短语及句子的衔接，从而全面提升学生写作能力。

五、翻转课堂在当前高校英语教学中的实施优化

翻转课堂的价值，迄今为止可谓有目共睹，但是对于高等院校而言，英语教学的改进却并非一朝一夕就能够完成的，唯有持续不断的优化，才能实现有效的提升。

（一）注重学习材料的选择与制作

在翻转课堂的机制之下，学习材料是学生推进学习过程中遇到的第一个工具，这个工具的内容选择，关系到学生能否展开一个新的环节内容的学习。对于英语学习而言，就是要保持一定的新鲜感，但是又不能脱离学生自身水平，要让学生能够通过这些材料发现自身能够提升的地方，能够获取到这一个章节需要把握的重点，但是又不能让学生觉得无趣而失去学习的兴趣。对于这一材料的选择，关系到随后翻转课堂其他环节学生的学习积极性，更加关系到教学内容的连贯性与教学的有效性，因此必须引起充分关注。对于内容的安排，需要坚持一点，就是内容本身是依据进度而变化的，教学过程中不是要对没有跟上内容的学生加强训练，而是要根据学生的进度而优化和调整内容。

（二）加强课上对于学生学习状况的考察

加强学生学习状况的考察，是翻转课堂机制之下课堂时间的重要价值体现。虽然翻转课堂在一定程度上可以加强反馈，但是不代表不会存在滥竽充数和浑水摸鱼的情况，有些学生仍然会对英语学习保持避让，在课堂上企图蒙混过关。造成此种问题的原因众多，可能是学生水平与教学内容水平相去甚远，也有可能是学生缺少了升学考试的反作用而失去学习的动力。但无论何种情况，教师都应当全心投入、发现端倪，才能实现改进。

（三）强化多媒体资源的有效、有序利用

当前信息背景之下，不仅仅是学习材料的发放可以通过多媒体以多种形态来实现，包括对学生学习过程的考察，同样可以通过多媒体、多渠道方式展开。有时候学生可能不愿意主动在课堂上透露学习中的问题，但是可以在群里说出自己遇到的困难。因此，教师应当积极启用多媒体渠道，完善翻转课堂教学体系，推进整体效果的优化。

六、高校英语翻转课堂教学未来实施展望

翻转课堂作为一种创新的教学模式，对我国的大学英语教学起着至关重要的作用。面对我国大学英语教学模式急需改革的现状，翻转课堂的引入与实施在一定程度上能够改善大学英语教学的缺点与不足，为我国高等教育实行信息化改革增添了新的一笔。高校英语教学中“翻转课堂”模式得到广泛使用，在改善英语教学现状、推动教学事业发展方面发挥着重要作用。

（一）教师能力的提高和教学理念的转变

作为课堂的引导者，教师教学能力是翻转课堂成功与否的重要因素，因此要加强对教师的培训，提高其在翻转课堂教学模式下的教学能力。首先，教师需要掌握制作视频的技术。教育部门和学校应安排专业团队对教师进行视频技术培训。同时，教师必须更新自身教学理念。教师要学习如何组织并吸引学生参加教学活动。只有通过系统培训和自身的努力，教师才能快速掌握视频制作技术，转变教学理念，以便更好地引导学生进行自主学习。最后，注意加强对教学内容的筛选。

因为翻转课堂教学模式是在课堂教学之前让学生们对相关的课堂内容进行学习，所以老师们在进行课堂内容设计的时候，一定要对课堂内容进行严格的筛选。

（二）评价体系的完善

在翻转课堂教学模式下，学生有了更多课堂表现的机会，因此传统的以考试成绩为主的评价方式不再适用。要根据学生自主学习及课堂表现等方面对学生进行评价，通过这种方式，不仅能够更加客观地评价学生的表现，更能充分调动学生的自主学习兴趣，进而提高学生的自主学习能力。另外，翻转课堂同时强调学生之间的交流与合作，因此，应该把学生的合作能力与组织能力加入评价内容。

（三）丰富课堂教学形式

在当下的高校英语课堂教学中，形式多样的课堂教学形式可以带动课堂氛围，激发学生们学习英语知识的创造性和主动性。而翻转课堂教学模式通过在课下让学生们对学习内容进行必要的准备，从而让课上的时间更为富余，这也为教师们开展形式多样的教学活动创造了条件。课堂上教师们不应该仅仅只局限于现有的教学形式，而是应该尽可能地开展团队合作学习、情景教学以及知识竞赛等活动来充分激发学生们学习热情。丰富的教学形式可以激起学生的好奇心，使课堂的气氛更加愉悦，同时也更有利于学生们的学习。

（四）注重学生之间的差异性

因为学生之间存在着个体差异性，不同学生之间的学习能力、表达能力，以及思维能力都是不同的，所以翻转课堂教学模式在当下高校英语教学实践中的应用一定要密切关注学生们的实际情况，因材施教，针对学生的个别情况合理调整教学计划，有针对性地教学，让每一个学生都受到重视。教师们应该把握学生们之间的共性与区别，根据不同学生的不同情况来对学生们进行答疑解惑，从而使学生们都能够获得良好的发展，这也是现代的教育所追求的。教师要注重个性化教学，把握好学生的个体差异，结合好学生的具体情况之后给予学生关心，帮助学生更加健康的成长。

第五章 “互联网 +”时代高校英语教学的总结与提升

高校英语的教学模式中借助互联网技术能够使学生更加轻而易举地获得优质的英语学习资源。本章节内容为“互联网 +”时代高校英语教学的总结与提升，主要就“互联网 + 高校英语教学”实践中的问题总结、“互联网 +”时代高校英语教育有效性地提升两个方面展开论述。

第一节 “互联网 +”时代高校英语教学实践中的问题总结

一、“互联网 + 高校英语教学”实践中存在的问题

在高校英语核心素养的创新培养中，对于“互联网 +”时代导向下的高校英语课堂教学而言，虽然其取得了一定的成绩，但也存在较多的问题，从而导致难以有效地促进英语教育的发展需求，难以为社会培养出更加优质的、更加优秀的英语人才等。具体表现以下几个方面。

（一）高校英语课堂教学观念存在偏差

对于大部分的学生、家长等群体而言，其对于英语课堂教学都存在一定片面的认识，在观念上都存在一定的不足，难以有效地推进“互联网 +”时代导向下高校英语课堂教学的发展。具体表现为：第一，存在部分人群对英语课堂教学存有疑虑；第二，存在部分人群对英语课堂教学没有正确的认识；第三，存在部分人群对英语课堂教学不是整体形式的认知，难以有效地开展英语教学活动。这些

都在一定程度上制约了"互联网+"时代导向下高校英语课堂教学的质量与发展。对于以学校为主体的英语课堂教学体系而言，虽然部分教师的观念存在一定的转变，但是在普遍意义上，认识片面、观念不足的问题，还是普遍存在的，这对于英语课堂教学具有一定的阻碍作用与制约作用。

（二）高校英语教师的教学能力存在差异

对于学校而言，教师队伍的不足问题较为突出。大量的教师对于"互联网+"时代导向下高校英语课堂教学不具备较为完善的认识，不存在清楚的认知，难以对英语课堂教学起到积极的促进作用与基础作用，难以有效地推进英语课堂教学工作，这对于推进"互联网+"时代导向下高校英语课堂教学具有不利的作用。与此同时，在"互联网+"时代导向下高校英语课堂教学中，各类辅导书籍的质量不一。具体包括：第一，在"互联网+"时代导向下高校英语课堂教学中，各类英语辅导书籍质量不一；第二，在"互联网+"时代导向下高校英语课堂教学中，各类英语练习题质量不一。这都在一定程度上进一步制约了英语课堂教学的质量与效率，不利于英语课堂教学的逐步推进与全面发展，难以培育学生的英语核心素养。

（三）高校英语课堂的教学资源存在不足

目前，诸多学校的英语课堂教学同样面临这一问题。即在"互联网+"时代导向下高校英语课堂教学中，英语教材在内容上不能够满足所有学生的学习需求，对于先进生而言，英语教材内容过于简单，对于后进生而言，英语教材内容又较为困难；同时，教师可利用的英语教学资源并不多，教学资源的质量也并不高。这都制约了"互联网+"时代导向下高校英语课堂教学质量的发展。

在"互联网+"时代导向下高校英语课堂教学中，英语教材与教学内容的选择亦是整个教学中较为薄弱的环节，英语课堂教学的教育特色尤为欠缺。在"互联网+"时代导向下高校英语课堂教学中，现有教材编写的目的性与针对性不强，并不能满足高校英语核心素养的创新培养的要求，还具有需要完善与普及的地方。因此，在"互联网+"时代导向下高校英语课堂教学中，在高校英语核心素养的创新培养中，理论如何更好地联系实际问题，在教材建设中显得尤为重要。在"互

联网 +”时代导向下高校英语课堂教学中，教材中要充分体现英语领域的紧密联系，各学科之间达到渗透互融的境界。教材尤不能以理论知识为单一内容，更不能使理论与英语问题相背离。在“互联网 +”时代导向下的高校英语课堂教学中，所有英语教材建设必须体现系统性，教材内容根植于实际。与此同时，教材要讲究规范性与科学性，这是英语课堂教学质量的前提保证，也是促进英语课堂教学发展的基础保障，还是培育学生英语核心素养的关键。

在英语教育过程当中，教材是至关重要的，但在这一环节，恰恰是英语课堂教学的不足之处，因目前我国英语课堂教学整体还不够完善，所以，用于“互联网 +”时代导向下高校英语课堂教学的教材的可选性较少，大多数教材都存在着针对性、目的性不强的现象。尤其是针对培养学生核心素养的英语课堂教学的教材，几乎没有涉及培养目标、培养方案等关键问题，所以，学校在“互联网 +”时代导向下高校英语课堂教学中的使用教材也是需要关注的重点。教材是系统地解决理论如何联系实际、英语与各个学科之间该如何联系的问题，其需要进一步相互作用，相互渗透才能统一。只有规范教材才能使教学有目的性、合理性、针对性，才能够进一步促进“互联网 +”时代导向下高校英语课堂教学的逐步发展。

与此同时，在“互联网 +”时代导向下高校英语课堂教学中，在高校英语核心素养的创新培养中，目前课程设置中的英语基础知识、英语问题设置等方面还不够完善，还没有在这几方面做最合理的规划和思考，使每个环节都存在不足之处，做不到英语基础知识与英语核心素养培育的有机结合，不能完全把学生的英语基础学习与核心素养融合到一起。在“互联网 +”时代导向下高校英语课堂教学中，整个课程设置环节中，思路还不够清晰，规划不够准确，使学生的核心素养提升还不能直接与英语课堂教学接轨，两者之间没有形成完美的对接。在“互联网 +”时代导向下高校英语课堂教学中，对于教师而言，只有核心素养与英语课堂教学相结合，才能产生效益和收获，才能逐步提升英语课堂教学的质量。

（四）高校英语教师的管理方式存在不足

在“互联网 +”时代导向下高校英语课堂教学中，英语教师管理问题也是较为突出的问题之一。在“互联网 +”时代导向下高校英语课堂教学中，部分英语教师存在教学质量不一的问题，其本身对于英语课堂教学的认知与理念存在较多的差异性。具体表现在：第一，多数的英语教师都是借助于长时间的学习和英语研究逐步摸索出的知识和经验；第二，英语课堂教学的教师并非都具有高学历、高职称；第三，学校引进英语教师的人才制度是依据学历、职称来评定；第四，学校的人才聘用制度的不足。这些都进一步制约了"互联网 +"时代导向下高校英语课堂教学的质量发展。

英语教师往往有如下表现，具体包括：第一，大部分教师秉持传统的英语课堂教学观念；第二，学校在英语课堂教学方面没有专业的教学设计；第三，学校在英语课堂教学方面没有建立规范的说课、讲课、评课环节；第四，诸多教师还没有意识到英语课堂教学的重要性。这些也在一定程度上制约了"互联网 +"时代导向下高校英语课堂教学的发展，不利于学生英语核心素养的培育。

（五）教师对学生的英语核心素养的培育力度不足

在核心素养的培养上，存在多个问题，具体包括：英语课堂教学的核心素养培养目标与实际相脱离；学生所学的英语知识不能学以致用；很多学生不具备参与丰富英语活动的机会与条件；很多学生不能够很好的内化英语课堂教学知识；教学模式还不完善；英语课堂教学体系还不敢大胆改革；英语课堂教学体系还没有大胆尝试与人才培养需求接轨；英语课堂教学模式不够系统；英语课堂教学体系的教学模式不够规范；英语课堂教学模式有照本宣科的成分；英语的教学形式不够贴合学生的核心素养培养，这都导致英语课堂教学的质量存在不足，效率不高，促使对学生的英语核心素养的培育不够完善。

不仅如此，高校学生的英语核心素养的培养目标也不够明确。在"互联网 +"时代导向下高校英语课堂教学中，学生的英语培养目标没有纳入到整个大的英语教育领域视野下，英语课堂教学中对学生核心素养培养目标定位的界限模糊不清，没有突出培养适应社会发展需要的英语教育基础，没有突出对学生核心素养的培养。新时期的学生不仅应具有较为系统的英语知识和较宽的知识面，更应具有较强的英语核心素养，而这种能力的获得就依赖于英语课堂教学。虽然诸多学校强烈呼唤英语课堂教学，但在实际的英语课堂教学中，学生的核心素养培育往往是不明确怎样较好的实施，或不被足够地重视。学生的核心素养与英语学习能力偏差，为“互联网 +”时代导向下高校英语课堂教学带来负面影响。

（六）“互联网 +”时代下高校英语教学管理存在不足

在“互联网 +”时代导向下高校英语课堂教学中，想要培养学生的英语核心素养，需要引导学生在掌握全面的英语知识的基础上，进一步引导学生开展实际的英语活动，这样才能促使学生的英语核心素养有较为全面的发展。

在“互联网 +”时代导向下高校英语课堂教学中，英语实践、英语锻炼机会当然是培养学生核心素养的最好途径。虽然部分学校正在逐步开始重视英语课堂教学、英语实践活动，但是英语实践课堂教学需要大量时间进行安排。在“互联网 +”时代导向下高校英语课堂教学中，特别是开展实际的英语实践课堂活动时，需要联系相关的英语场地，这会与英语课堂教学发生冲突。所以，把英语课堂教学和实践教学有机地结合起来，既满足英语的课堂教学要求，又满足英语课堂教学实践活动的要求，是“互联网 +”时代导向下高校英语课堂教学需要不断提升的方向。

诸多学校的英语教学的教学设置不够科学化，还是建立在原来的单一的英语基础知识的传播上，没有与英语的实践教学紧密联系，不能适应学生核心素养的培养要求。此外，也存在教学管理机制不够科学，教师队伍的建设基本沿用原来传统教育的模式，师资队伍知识结构的更新和完善工作滞后等问题。在学校现行的教学体系中，英语实践活动作为培养学生核心素养的关键环节，在整个英语课堂教学过程中有着不可替代的作用，这是提高英语课堂教学质量，强化学生英语核心素养的关键。

培养“厚基础、高素质、强能力、宽口径”的学生，是适应时代发展所带来的必然结果，也是培育学生英语核心素养的必然要求。而在学校中，由于教师对英语实践教学的不足，导致了实践教学与常规英语教学管理的连接性不强，这无疑不利于学生核心素养的培育，不利于“互联网 +”时代导向下高校英语课堂的建设。

（七）“互联网 +”时代下高校英语课堂教学面临困境

随着英语核心素养的提出，一种更加科学系统的新的教学理念被提出来，但与其对应的英语课堂教学也面临诸多新的挑战与困境。

1. 英语教师所面临的困境

在“互联网 +”时代导向下高校英语课堂教学中，在高校英语核心素养的创新培养中，对于教师而言，其往往需要面临以下挑战。

第一，课堂教学上的挑战。谈到教师课堂教学上最大的挑战，莫过于如何在“互联网 +”时代导向下高校英语课堂教学中培养学生的英语核心素养，这是最大的难题，也是一个复杂且动态持续的过程。以往课堂教学多以单课时为主，教师在短短一节课的时间完成学生的“三维目标”，但真实教学效果现在大家都很明了，几乎很难完成。由此给进入学科核心素养下的教师英语教学带来的挑战显而易见，在一定的课时内不仅要完成基本的“三维目标”还要思考如何教学有利于促进培养学生的英语核心素养的培育，以及如何去确定不同的课题、不同的班级所面对的学生群体对应的教学主题和目标。教学过程也更加动态复杂化，并不是单一课时所能解决完成的。教师对教材课程内容的再认识、再深化，对课程单元化的整体设计，对课堂教学过程中针对学生的学习情况进行的教学任务调整，这些都是当下英语核心素养下的英语教师需要面对的挑战。还有教学评价层面，我们的课堂教学评价，特别是英语的教学评价，老师对学生的学习评价如何评？针对英语这一学习模块，真实性评价运用，教师需要考虑的方面又有哪些？教师对一系列的单元教学结束之后，对自己的课堂教学又该如何评价总结？这些也是广大英语教师所需要面临的基本挑战。

第二，教师自身综合能力的挑战。面对素养时期的英语教学，教师不仅需要扎实的本学科知识和技能，更需要懂得如何将本学科的知识与技能以及跨学科的知识与技能进行有机整合，使学生逐渐形成以英语学科为主的跨学科的英语综合能力，对此英语教师需要学习的东西，所要面临的挑战可想而知。

2. 学生所面临的困境

作为学习的主体——学生来说，学科核心素养下的英语教学更多的是在教师的引导下，学生自主合作探究完成教学任务，包括了课前的提前预习、查阅相关资料等。学生需改变以往只管“竖起耳朵”听的学习观念，真正要做到学，而并非单单接受性学习。这就涉及学生如何做中学？如何自主合作探究性学习了？针对此，学生需要在教师的指导下，慢慢转变自己以往不正确的学习观念，这个观念转变的过程就是学生所要面对的首要挑战。

以英语知识为基础的跨学科知识学习方式的运用带来的挑战。当下英语课堂教学从学科本位的角度出发是为了培养学生的英语核心素养；从教育的育人角度出发是为了培养学生必备的英语核心素养。而若想达成上述的目标，不仅教师的教学方法很重要，学生的学习方式也很重要，只有在正确的学习方式下才能循序渐进，逐步形成我们所需要达成的学生素养要求。反观时下，以被动接受性学习为主的英语学习方式已不足以适应我们的教学要求，需要逐渐转向学生自主学习、合作探究、深度学习以及以英语知识为基础的跨学科知识结合等学习方式。那么学生要如何来运用这些学习方式获得所需的知识与技能呢？学生获得的所需知识与技能又如何转化为独特的英语思维，以及英语核心素养与能力，去解决、运用到生活情境中所遇到的相关问题？这都是学生需要面临的挑战。

（八）英语核心素养的培育与学生能力尚有差距

对于“互联网 +”时代导向下高校英语课堂教学而言，新时期的学生不仅应具有较为系统的英语知识结构，更应具有较强的英语学习能力与核心素养，而这种能力的获得就依赖于高校英语课堂教学的培育。在“互联网 +”时代导向下高校英语课堂教学中，在高校英语核心素养的创新培养中，学生核心素养的培育与学生英语学习能力的不契合问题较为突出。

英语课堂教学中多元化的教学形式将解决学校存在的授课方式单一和交流观摩的局限的问题；解决学生所学知识、英语学习能力与英语核心素养、英语活动之间的部分脱节与不适应的问题；解决学生缺乏足够机会参与英语实践的问题；在处理理论知识与实践教学的关系时，解决的管理上“度”的把握的问题；等等。通过从英语学习能力的培养理念、教学内容、授课方式到实践模式、教学管理等的一系列改革，学生越来越重视基本知识和英语学习能力之间的渗透、所学知识与英语实践之间的关联，以此实现学生英语核心素养的培育，促进“互联网 +”

时代导向下高校英语课堂教学的逐步发展，推进高校英语核心素养的创新培养。

二、“互联网 +”高校英语教学问题的原因分析

（一）“互联网 +”时代高校英语教学体系不完善

在“互联网 +”时代高校英语课堂教学中，诸多学校的英语课堂教学模式都受到传统的教学模式的影响与制约，教师更多地关注部分英语学习能力较强的学生，对于英语学习能力较弱的学生往往关注力度较低。教师难以有效地促进学生之间的团队合作与英语活动，促使各类英语课堂教学与英语活动也难以顺利地开展。

与此同时，在高校英语核心素养的创新培养中，在传统的英语课堂教学中，其并不鼓励学生积极地开展英语实践，因而，各类学生的英语实践、展示机会相对较少，这些都不利于英语课堂教学的质量提升与效率提高，也使英语教师往往缺乏自我上进的积极性，难以促进教师本身的英语课堂教学技术提升与学生英语学习能力的提高，难以促使学生的英语学习能力有质的提升。这些都不利于“互联网 +”时代导向下高校英语课堂教学的不断发展与全面进步。

（二）“互联网 +”时代高校英语课堂的教学目标不清晰

在高校英语核心素养的创新培养中，在“互联网 +”时代导向下高校英语课堂中，由于对英语课堂教学的传统因素的重新审视与反思，使教师重新思考在英语教育大发展的形势中应该教什么、学什么。教师必须将人力资源因素考虑在英语课堂教学的目标定位之内，将目前学校教育中的片面化现象纠正过来。

在“互联网 +”时代导向下高校英语课堂中，教师需要进一步建立一套有效的教学体系。不同的培养目标应选用不同的培养体系和标准。因此，既需要划分出不同的教育层次，又要非常明晰地确立培养目标定位。

而纵观我国的英语教育，可发现英语课堂教学中，学生的英语学习能力培养、核心素养的培养与目标定位并不明确。培养目标没有纳入到整个大的教育视野下，学生英语学习能力的培养目标定位的界限模糊不清，没有突出培养适应教学发展需求的英语学习能力培养与学生核心素养的培育是英语教育的关键。

（三）学生英语核心素养的培育面临诸多干扰

在高校英语核心素养的创新培养中，在“互联网 +”时代导向下高校英语课堂中，在教学体系中，虽然近年来，诸多学校的英语课堂教学得到了较快的发展，基本形成了初具规模的英语课堂教学体系，但从大部分学生的英语核心素养来看，从学生的英语学习能力来看，依然存在明显不适应的现象。在“互联网 +”时代导向下高校英语课堂中，以课堂传授英语基础知识的英语教育与直接获取英语经验、英语学习能力为主的教育形式正在发生矛盾。

（四）高校英语课堂教学面临制约性

在教学体系中，英语课堂教学还存在以下不足，这是难以提升学生核心素养与英语学习能力的原因之一。其还存在以下不足，具体包括：没有以英语的教学目标体系为依据；没有进一步将英语知识、技能与学生的英语核心素养提升融为一个整体；没有以培育学生的英语核心素养为导向；没有以综合英语学习能力为主线；没有将学生的英语实践教学环节进行整体设计；没有建立与英语理论教学相互联系、相对独立的英语实践教学体系；没有引导学生全面掌握英语的基础知识；没有引导学生积极参加英语实践活动；没有积极培养学生的英语核心素养。

在“互联网 +”时代导向下高校英语课堂中，对于上述这些方面，其进一步受到学生英语实践能力培养的局限性因素的影响。在高校英语核心素养的创新培养中，学生英语实践能力培养的局限性因素表现在以下几个方面：在英语教学需求上存在局限性；在英语知识体系上存在局限性；在学生个体英语发展中存在局限性。如何促使英语课堂教学体系系统的诸要素在结构性的联系中，进一步展现整体效应，怎样科学有效地开展英语课堂教学活动，一直是英语课堂教学体系探究的主要问题。

第二节 "互联网 +"时代高校英语教育有效性地提升

一、传统高校英语教育的分析

（一）传统高校英语教育打击学生的学习自主性

对于高校的英语教育来说，传统的高校英语教育中心主要是教师，并且英语教育中有着标准的答案，而教育方式往往是填鸭式的教学。可以说以往传统的高校英语教育不仅使学生难以实现英语成绩和运用能力两者之间的同步提升，而且学生受功利性影响非常严重，并且还具有教师和学生之间的相互竞争，在一定程度上使得高校大学英语中的学习资源没有实现共享的状态，这些都会在很大程度上打击学生对于英语的学习兴趣爱好。

（二）传统高校英语教育降低学生学习参与性

在课堂上课堂的设计内容往往都是由教师一手进行设计的，学生在课堂上并没有多少的参与性。并且由于大学英语并不像高中英语之间有着非常重要的组织性，因此这也在一定程度上使得师生之间的交流非常缺乏。教学中教师并没有抓住学生对英语的学习需求，这在很大程度上影响了大学英语学习的活力性。在传统的高校英语教育中学生的参与性非常低下，并且往往具备积极性弱的特点。

（三）传统高校英语教育导致适应性危机

由于在传统的大学英语教学中非常缺乏相关的优质课程，且获取优质课程的成本和方式也正在不断增加，因此可以说传统高校英语教育模式并不利于教材的更新。在"互联网 +"时代，而教师的核心作用也在不断地弱化，以往教师需要自己去设计英语课堂中的相应教学场景，但是现在完全可以借助互联网中的各种优质资源在线上对英语情景进行逐步模拟。当下程序化的传统大学英语教学模式慢慢在各种各样的网络教育冲击下被淘汰，这代表着传统的英语课堂教学模式逐渐变为终生的网络平台教育。

（四）传统高校英语教育保障机制落后导致激励性危机

在传统的高校英语教育中，占教育主体地位的教师往往是被综合性考评机制所激励着。但是由于综合性考评机制在一定程度上并不利于教师进行特色模式的构造，同时在一定程度上忽视了教师的个人魅力，使得教师要耗费大量的时间和精力投入综合考评的指标任务完成中。并且由于相关机制，教师要想继续往上升就必须要参加职称考评，而职称考评也迫使教师把教育的重心从课堂转移到科学研究上，从而在一定程度上导致了英语课程的质量跟不上时代变化的节奏。

二、“互联网 +”高校英语教育的分析

（一）“互联网 +”高校英语教育模式的定义

高校英语的教育模式就是基于教学理论的指导，并在一定的环境中对高校学生进行教育活动的开展。根据教育模式的定义，大学英语要想在“互联网 +”时代发展相应的网络教学，就必须要借助于现代的信息技术以及各种认知理论指导，在人机相互的环境中对教学活动进行正确的开展，并设定相应的程序。

（二）“互联网 +”高校英语教育模式的主要特点

与传统的教学模式相比，“互联网 +”高校的英语教学模式具有五个明显的特点。第一个明显的特点就是去中心化。因为在传统的高校英语课堂教育中，教师是英语教学的主体。而课堂设计以及内容和评价往往都是由教师进行主导的。但是借助于互联网形成的网络教学模式，教师和学生呈现相互平等的关系，每一个人可以根据自己的兴趣爱好对课程内容进行相应的选择，并进行相应的课程评价。第二个特点是“互联网 +”时代高校英语的学习具备资源配置的灵活性和高效性。目前高校英语的教学模式中借助互联网技术能够使学生更加轻而易举地获得优质的英语学习资源，并且在互联网上海量而且优质的网络教育资源，也能够被学生在任何时间、任何地点搜索到，让学习的资源配置更加合理和高效。第三个特点是学习方式的自主性。与传统的英语教学模式相比，网络教学模式不仅能够让学生拥有更多的学习自主性，同时也能够激发学生学习的主观性能，能在一定程度上激励学生主动学习英语。第四个特点是能够重塑传统的教学思维。可以借助互

联网的共享特点强调共享开放的英语学习模式。第五个特点是网络平台能够开放学习资源，从而使学习爱好者能够主动获取与自己相适应的学习资源。

三、“互联网 +”时代高校英语教育新模式的有效性提升

（一）树立互联网教育理念

我国高校数量众多，而且地域分布十分广泛，不同地域教育资源也存在着一定的差异，当然这也与地区经济及地理位置关系紧密相关。在“互联网 +”时代背景之下，则能有效突破不同高校英语教育资源上的差异。所以教师在英语教育实践期间，一定要树立起全新的互联网教育理念，这也是“互联网 +”教育顺利推进的基础和前提。

为此，高校在英语教育过程中，一定要结合自身特点来创新出极具特色的英语教育理念，确保能够真正为师生提供建设可靠的网络教学平台。例如，学校可以积极构建英语网络学习大厅，而师生则均可以在这一平台上学习、交流及反馈，有效促进学生学习。此外，教师在开展英语教育工作的时候，也需要准确认识到网络的价值，树立起互联网教育教学理念，这样才能有序推进英语教育教学活动的开展。

（二）革新英语教育内容

“互联网 +”时代背景之下，高校英语教师也面临着全新的考验。他们不仅要具备良好的专业素质及能力，还需要在英语教学内容上进行合理的选择以及筛选。考虑到网络资源的丰富性，教师可以借此来补充与拓展高校英语教育教学资源，这样就能有效促进英语教学改革及创新，促进学生全面发展与提升。为了避免课堂教学出现生搬硬套的情况，教师还需要在筛选网络资源的时候联系教学内容及目标来合理筛选，这样才能真正发挥出网络资源的优势。

此外，高校英语教师在课程实践期间还需要与时俱进，不断提升自己，主动参与到各类英语培训及研讨工作中，这样才能帮助学生掌握最为实用的英语学习资源及软件。并且高校英语教师还需要积极探索不同英语教育资源优缺点，同时结合各类英语教育资源特点来熟练应用，这样才能有效提升英语教育效果。

（三）积极构建英语翻转课堂

“互联网 +”时代下高校英语教育不能还是以传统模式来开展，教师可以在课程实践期间为学生积极构建英语翻转课堂，在课堂上通过面授与翻转课堂的有效结合来促进学生自主学习及思考，这能进一步提升英语教育效果，并且还能落实线上及线下有效结合。翻转课堂本就是“互联网 +”时代下的产物，其提倡以知识点作为单元来引导学生进行分类，同时帮助学生分块学习及吸收知识。其主张的是先学后教，教师可以在各个英语知识点讲解时为学生提供相应的资源，这样学生就能在翻转课堂有效应用中学会学习及思考。

（四）基于微课的英语教育

在“互联网 +”时代背景下，微课也是教育教学常用手段。“微”主要指的是“小”，即教师在课程实践期间可以将教学内容制作成为简短的视频，之后再借助多媒体设备来为学生展示出来。在这一过程中，教学微课视频需要与英语教育内容紧密相关，最好是能够围绕着某一英语知识点而展开。微课资源容量较小，学生不管身处何地均可直接利用网络来查找与学习这些教学资源，而且还能反复观看，这样学生就能基于微课来自主学习英语。

此外，微课视频具有直观、生动等特点，将其应用于高校英语教育课堂上，则能够进一步提高学生英语学习兴趣。例如，教师在为学生讲解英语阅读技巧（reading strategy）时，可以在课前直接借助录屏软件来将技巧录制成为 10 分钟左右的微课视频，然后将其上传到学校英语学习平台，而学生直接可以借助手机在线观看或者是下载观看。因为时长较短，学生接受度自然较高，这样不仅能够起到最优的英语学习效果，还能促进学生阅读能力提升，为之后英语教学活动顺利开展打好基础。

（五）基于慕课的英语教育

在高校英语教育教学过程中，虽然慕课的有效应用能够强化学生对于课堂教学内容的理解，进一步提升英语课程实施效果，可是因为微课在应用的时候只能对知识点进行细化，其整个系统性明显不足，所以也会影响英语教学活动的实施。针对这一问题，教师可以在课程实践期间应用慕课来辅助英语教育。毕竟慕课资源十分丰富，能够更好地满足学生英语学习个性化诉求，为学生今后的学习及发展提供良好保障。

为此，“互联网 +”时代下的高校英语教育教学效果要想得到保障，教师可以基于慕课来进行创新及实践，这能让学生在课前获得各种英语学习资源，并且借助可见检测自身不足之处；而课上则可以通过师生相关问题探讨来深化自身理解；课后师生之间还能形成良好的互动交流及反馈。慕课教学模式相较于其他教学模式而言，其能够更好地关注学生个体之间的差异，提倡结合学生英语学习情况来开展分层教学，所以能够确保每一位学生都能有效发展和提升。

（六）构建大数据自主性学习平台

“互联网 +”时代背景下，高校英语教育教学活动要想顺利开展，教师还可以为学生构建大数据自主性学习平台，借此来促进学生学会学习，从而有效提升英语教育效果。

1. 基于大数据学习平台构建多维度评价体系

首先，教师在开展高校英语教学活动之前，可以借助大数据学习平台来对学生进行听力、阅读、写作、口语等多方面的能力的测试，借此来综合评定学生各个维度的优劣势，生成学生的综合性评分，同时借助蛛网图或者是柱状图等直观方式展示给教师。其次，教师需要对学生测验过程中各个环节进行评分，深入挖掘学生痛点，全面了解学生英语综合能力，然后基于此来开展针对性教学。

2. 制订个性化学习计划

不同学生英语素质及能力本就有所差异，这个时候英语教学方法自然也应当有所不同。首先，大数据学习平台可以结合评价体系中各个学生综合评分来对学生等级进行划分，同时基于此来制订出针对性、个性化的训练方案，这样才能确保英语教育能够满足学生个性化学习诉求，提升教育针对性，落实因材施教理念。其次，在英语教育过程中，对于学生的作业设计最好是能够结合学生不足之处来进行针对性的推送，这样就能让学生在训练及实践中逐渐完善自身不足之处，从而有效提升英语教育教学效果。最后，寻找学生容易出现错误的题型，并且进行综合分析及归纳，然后交由教师统一讲解。学生在个性化训练之后，教师最好是能够基于大数据平台社交网络算法来分析多个拥有类似特征的学习群体，然后将其划分为一个层次来进行针对性教育，这样就能更好地把握学生英语学习不足之处，提升英语教育教学效果。

3. 构建问题反馈机制

在高校英语教育教学过程中，学生口语表达能力及写作能力均是十分重要的构成部分，也是学生英语学习深入的关键。在自主性平台之中，学生可以直接将自己完成的写作文章上传到平台上，这样平台就能借助检查程序来对学生语法、标点符号等基础性错误进行检查，之后再由教师对学生文章结构、句式进行点评与分析，而且不同学生相互之间也能直接以留言方式来形成良好的互动及交流，提升反馈及时性。同时，学生也可以基于此来进一步调整自己的不足之处，有效促进学生英语写作及表达能力提升。

4. 学习效果的追踪及反馈

在基于网络平台开展自主性学习的同时，教师还可以周期性对学生英语学习情况进行检验，以此来了解学生英语学习成效。在这一过程中，教师可以借助平台所具备的数据统计分析出学生英语学习总体情况以及不同维度英语学习情况，以校验平台的预测推送训练以及学生实际知识盲区是否维持一致，同时不断革新模型算法，这样就能基于教学反馈来调整英语教育教学，从而有效提升教学实效。

四、“互联网 +”时代高校英语课堂教育的有效性提升

（一）基于词汇教学的有效提升方法

在互联网环境下，教师的角色不但是知识的传授者，还是语言学习环境的创造者，更是学生学习活动的设计者和指导者。在教学过程中，教师要明白自身所担任的角色，做好学生学习词汇的辅导者、指导者、监督者和评价者，发挥模范带头作用。基于互联网的英语词汇教学，可以采用多种方式。

1. 合理使用幻灯片及 PPT

据国内外权威专家的调查显示，学习者在学习英语词汇时，只靠看，可以记住 40%；靠听，可以记住 15%；而将视听结合起来，就能记住 75%。可见，在英语词汇教学中，教师应充分利用多媒体和网络的环境，集音、形、文、图于一体，从学生的认知水平、生活经验及学习兴趣出发，将单词用幻灯片或 PPT 的形式展

现出来，将学生置于生动、真实的环境之中。

2. 利用搜索引擎创设英语情境

教师可以利用网络的搜索功能为学生提供最新的音频或视频资料。例如，当讲解到政治词汇时，教师可以将国外的电视节目、电影中有关政治的资料搜索出来，为学生提供真实的资料，实现视听结合，以便学生更好地理解每一个词汇的意义，方便学生牢牢记住它们。

3. 利用网络词典检测学生的词汇学习结果

网络词典是一种检测学生词汇量掌握情况的便捷、有效的工具。学生可以自行使用这种检测工具。在检测过程中，一旦遇到陌生单词，可以随时通过网络词典查询其意思、用法、搭配、例句等有关资料，且这些资料都有语音资料，学生能一边听一边记忆，大大提升了记忆的效率。

4. 利用录音录像功能提高学生的关注度

在英语词汇教学中，教师可以设置一定的情境，使学生进入预设情境。例如，教师用 PPT 整合学生所学词汇，然后让学生利用这些词汇编写故事，之后分角色表演出来，在学生表演时，可以录视频。这种做法，可以使学生更认真地学习词汇。同时，也能加快学生记忆词汇的速度，加深对单词运用的印象，活跃课堂氛围，提高单词学习的效率。

5. 加强日常监督和互动

网络环境下的互动主要有师生之间的互动、生生之间的互动、教师与网络之间的互动、学生与网络之间的互动。在英语词汇教学中，教师可以借助语音或视频与学生进行沟通，及时发现学生在学习词汇时存在的问题，对教学效果进行反馈，对教学和材料进行调整。网络沟通形式以其灵活性和跨时空的特点为学生提供了一个良好的学习词汇和运用词汇的渠道。

（二）基于语法教学的有效提升方法

1. 利用多媒体创设英语教学情境

随着各国文化交流的日益频繁，英语作为一种全球性的语言，有了更广泛的使用环境。在语法教学中，教师可以利用多媒体设计一些贴近生活的语言情境，让学生通过角色扮演的形式开始语法学习。例如，在讲解 Going Shopping 一课时，教师可以先为学生播放一些自己设计好的或是网上搜到的与购物有关的二维动画，并要求学生用情境对话的形式在课堂上进行表演，这样学生在轻松的环境下，既掌握了语法知识，又提高了语言交际能力。

2. 学生借助多媒体感知英语语法

培养学生的英语感知能力，目的是帮助其形成规范的英语思维，从而可以使其更好地理解和运用英语语法。在英语教学中，教师可以从两个方面培养学生的感知能力。

首先，通过阅读训练培养学生的英语感知能力。其次，通过听力训练培养学生的英语感知能力。对阅读培养而言，教师可以利用多媒体，如电视机、录像机、投影仪等，丰富阅读内容的形式，引起学生的兴趣。通过上下文语境的配合展示，引导学生积极主动地进行英语语法练习，从而能主动总结和归纳阅读中的语法知识。多媒体辅助下的英语教学，不但可以使学生通过具体的文字图片材料理解语法知识，而且可以形成根据上下文理解词语的意思，最终形成良好的阅读习惯。

对听力训练而言，只有一定的语言输入，才能使学生在具体的语法知识感受中提升自己的应用能力，进而提高其综合英语实力。基于多媒体的听力训练，学生应对已学的语法知识进行复习，通过对话和断句的反复播放，强化其理解，从而使其形成固定的英语思维，最终达到脱口而出的水平。具体而言，教师在课上可以为学生播放经典的英语电影对白、英语歌曲，激发学生的英语学习兴趣，并使学生在潜移默化中掌握英语语法知识。

3. 多媒体应与常规教学媒体及手段相结合

在现代英语教学中，多媒体技术可以发挥其巨大的优越性，但常规媒体与手段的功能也是不可忽视的。在英语语法教学过程中，教师应将多媒体技术和常规的教学媒体及手段结合起来进行使用。教师应根据语法教学的需要选择合适的媒体和手段，充分发挥各自的优势。同时，也要根据学生的实际情况和教学内容，选择合适的媒体。

在制作课件时，教师应考虑自身的实际情况，合理安排制作课件的时间。在制作课件时，教师应尽量将自己的思想渗透其中，且不可过于花哨，要追求简单实用。此外，英语教师在一节课上，对各个不同阶段使用课件的要求不同。通常，英语教师会将整节课分为五个部分：复习、呈现、练习、操练、巩固。在复习阶段，教师最好不要使用幻灯片。在呈现阶段，教师应做好幻灯片的切换。在练习阶段，应给学生足够的思考和练习时间。在操练阶段，教师要组织学生开展大量的语言训练。

（三）基于听力教学的有效提升方法

在互联网技术支持下，高校英语听力教学不仅有助于提高教师的教学效果，也有助提升学生的听力水平，这可以为学生的英语听力教学带来广阔的空间。那么，如何将互联网技术准确、合理地应用到高校英语听力教学中呢？

当前，我国英语教学提倡的自主学习，是以学生的主体地位为前提的教师进行指导、学生主动参与学习的自学，而不是没有教师指导的完全意义上的自学。因此，互联网技术下的高校英语听力教学不能忽视教师的指导作用，否则就不能取得应有的教学效果。利用互联网技术培养学生的听力能力，教师可以从以下两个层面着手。

1. 建构听力学习环境

听的本质是一种交际活动，学习成功与否的关键因素在于学生。基于这两点考虑，在听力课堂上，教师应该充分利用现代信息技术，为学生构建良好的自主学习环境。具体来说，教师应该做到以下几点：第一，为学生创建丰富的、真实的、有助于听力理解的交际语境，使学生犹如身处真实的语境中一样，使他们能够感受到听的实用性，进而增加其学习英语的兴趣。第二，利用多媒体资源丰富听力教学，激发学生的学习兴趣。第三，选用真实的听力材料，一方面能够增强学生对学习内容的认同感，另一方面也能使学生接触到地道的语音、表达方式，有助于学生在日后实际的对外交往中听得更准。第四，设计与真实语篇相关的课堂活动，采取小组合作的教学活动，减少学生对教师的依赖感，减少学生学习中的焦虑情绪，使学生在合作交流中碰撞出思想的火花，增进其学习的主动性。第五，为学生提供合作互动、沟通交流的机会，使学生在参与中逐渐掌握学习的方法，找到学习的乐趣，增强学习的动力。第六，教授学生一些对所听内容进行评论、提问的反馈语，如“Really?”“I don’t think I understand you.Could you say that again?” “I beg your pardon.” 等，使对话继续下去。

2. 培养听力自主决策能力

在互联网环境下，学生听力自主决策能力的培养要注意以下两方面：第一，培养学生学习并掌握获取信息的硬件知识。只有掌握了现代信息技术的操作技能，学生才能实现与老师或者同学通过网络技术进行的实时交流。第二，要培养学生掌握、收集、整理、利用信息的能力。学生要能根据教师布置的学习任务，借助现代信息技术自行搜索、采集信息，对获取的信息进行分析、整理，并充分利用这些信息提高自身语言能力。此外，还要通过现代信息技术，让学生对自主学习的效果进行评价。

总之，借助互联网技术所提供的网络化虚拟课堂，学生的角色发生了转变，他们从知识的被动接收者转变为听力理解过程中意义的自主建构者。他们以自己的整个身心去感受听力语篇中呈现的各类信息，同时借助互联网将自己的观点与思想生动地传达出来，主动参与学习交互活动，其自主学习的能力得以培养。

（四）基于口语教学的有效提升方法

当前，传统的口语教学已经很难满足当前时代发展的需求，因此基于互联网技术的口语教学应运而生，并在当前的高校英语教学中起着重要作用。那么，互联网环境下高校英语口语教学该如何展开呢？具体来说，教师可以从如下几点着手。

第一，课外教学与课内教学紧密结合。高校英语课时是有限的，因此仅仅依靠课堂是远远不能满足学生的需求的，还需要对一切可以利用的环境加以利用。课外教学是课内教学的补充和延伸，教师开展丰富的第二课堂活动，结合课堂内容组织学生展开课外活动，如英语演讲、短剧表演、作文比赛、举办班会等；同时教师让学生拍摄成视频，在多媒体教室中进行播放，其他学生根据他们的表演情况进行评判，从而取长补短。另外，教师还可以邀请一些外籍教师做专门的讲座，创办专门的英语期刊、设立英语广播等，让学生体会到口语学习的乐趣，使其更加热爱学习。

第二，注重网络测试与实施人机对话训练。“互联网 +”视域下的口语学习涉及学生自我测试评估口语水平、人机交互口语练习、教师布置和批改口语作业等。教师在课堂上给学生布置预习任务，让学生通过网络搜索或者下载进行自学。

第三，注重过程评价与教师科研相结合。教学与科研是同步相关的，教学对科研有促进作用，而科研又指引着教学。在教学过程中，教师根据学生的终结性评价和过程性评价的结果，再结合教学过程中的问题，撰写日志，并改进教学方法，从而提高教师的科研能力。

教师在英语教学过程中还可以多采用以下几种教学方法。

1. 影像教学法

科技的进步使信息技术、互联网技术得到了迅猛发展，这就使英语口语教学过程中应用影视教学法成为可能。英语原版影视具有强烈的视觉冲击力，文化性与故事性强，能够大大降低学生的学习焦虑，并从视、听、说等方面将学生的积极性与注意力调动起来，提高其认知能力与理解能力，达到寓教于乐、陶冶情操、拓展思维的效果。因此，应充分发挥影视教学法在提高学生的英语口语能力方面的作用，使学生更加深入地参与到课堂教学中来。一般来说，将影视教学法应用于高校英语口语教学中时应从以下几个方面入手。

第一，教师在选择影视资料时，应该以不同的教学目标、学生的现有英语水平及影视资料的难度等作为主要依据，要使所选择的影视资料既有利于既定教学目标的实现，又与学生的英语水平相适应，既不会过于简单，又不会难度太大。此外，影视资料的内容要体现英语国家的文化特征，以帮助学生拓宽视野与思路。

第二，教师应在课前对影视资料进行适当剪辑，并据此来设计相应的口语练习。例如，如果选用电影中的湖泊情景的教学，可将 Leo 带儿子 Siggy 到码头教他潜水的两分钟资料剪辑出来，并采取以下教学步骤：第一步，向学生介绍影视资料的主题，即 The Lake Scene。第二步，向学生介绍影视资料的主要情景，即“Leo is teaching Siggy how to do something.”第三步，为学生介绍活动中可能用到的动词。第四步，将学生分成两人一组，安排一人担任观看者，另一人担任倾听者。第五步，为学生讲解任务要求。具体来说，观看者只负责观看，应放下耳机或塞住耳朵，及时记下与所看到动作相对应的动词，并对面部表情、手势、体势等非言语交际和情景给予特别关注。倾听者则需要背对屏幕，只靠耳朵来捕捉信息，并及时记录下一些关键词。第六步，为学生播放影视资料，可以多播放几次，以保证学生尽自己最大努力来完成任务。第七步，安排学生在组内互相交流获得的信息，即由倾听者表述自己听到的信息，由观看者表演自己看到的动作。第八步，由各组轮流为大家表演。第九步，再次播放影视资料，全体同学可以同时听和看。第十步，教师对影视资料进行讲解，对同学的表现进行点评、分析与指导。

此外，教师在课前可以将一些准备工作交给有能力的学生，如安排学生辨别语音、语调，查找、核对影视资料中的生词熟语或者编辑视频资料。这不仅能有效调动学生的学习热情，还能将学生的特长发挥出来，从而达到满意的教学效果。

2. 移动技术教学法

移动通信技术不仅为人们提供了一种丰富、生动且不受时空限制的信息交流方式，其在语言学习方面的提高学习效率、丰富学习交互、扩展学习时间等优势也逐渐显现出来。因此，越来越多的专家学者开始关注如何将移动技术与高校英语教学，特别是口语教学进行有机结合，并从多个角度对这种新的教学方法进行界定。

（1）课前自学

在课前，教师对本单元的文化语境、相关知识点进行综合考虑，并据此制作长度适中的音频或视频短片，通过博客传递给学生。学生通过移动设备取得音频或视频文件后，可以根据自己的实际情况安排选择适当的时间、地点进行自主学习。在这一过程中，学生应完成相应的选择题或录音形式的口语作答，这有利于教师了解他们的学习情况。此外，课前的活动还能引导学生激活已有的背景知识，并使其事先进行充分的口语练习，有效降低焦虑、自卑、害羞等带来的负面影响。

（2）教师讲解

由于学生已经在课前对相关内容进行了自主学习，对知识点已有所熟悉，因此教师的讲解主要集中在一些重要的词汇、句式与语法项目上，讲解过程也不会像传统课堂那样枯燥。教师可以在讲解过程中再次为学生播放音频或视频资料，从而使学生将所讲知识与语言材料结合起来进行理解。一般来说，教师可以采取以下三个步骤：一是教师先讲，学生后练；二是教师先做示范，学生及时领会；三是教师提问，学生回答。在这三个步骤中，学生得以进行大量的口语训练活动，从而深化其对材料的认知程度。

（3）课堂互动

课堂互动可以采取生生互动、师生互动等形式，旨在引导学生在具体语境中对语言进行灵活运用。需要注意的是，教师在设计互动活动时应坚持由易到难、由浅入深的原则，将机械性练习与灵活性练习、创造性练习与半机械性练习、高难度练习与可接受性练习结合起来。课堂互动能创造愉快、轻松的学习氛围，为每位学生提供参与的机会，有效弥补大班上课的缺点，使一些害怕开口的学生也敢于进行英语交流。需要特别说明的是，学生在参与互动活动的过程中可以随时通过移动设备来查找相关信息，使移动技术真正成为口语教学的得力助手。

（4）课后的移动式合作学习

课堂教学时间往往是有限的，只能引导学生对新知识进行初级的认知与练习。要想在真实情境中对语言进行更深层次的运用，则必须依靠课后的时间。教师可以以本单元的主要内容与知识点为依据，为学生安排开放式的真实任务，以此来引导学生通过合作的方式进行口语交际，使他们在探索语言运用方式的过程中拓展新知，并在发现问题、分析问题、解决问题的过程中培养创新思维。

为保证每位学生可以顺利完成任务，并在任务的完成过程中有所收获，教师可以以学生的课堂表现为依据来进行分组。具体来说，教师可以用聊天软件如QQ、微信等来通知学生分组情况与具体任务，使他们的合作学习得以顺利开展。学生在完成任务时可以充分利用移动技术进行沟通，使生生之间、师生之间保持信息的通畅。学生可以将自己的任务上传给教师，教师则可以在阅览后进行及时回复并给出适当建议。

需要特别说明的是，形成性评价贯穿整个课堂内外的教学和学习活动过程中。及时的形成性评价能够使学生了解自己的学习状况并得到针对性地指导，从而增强学生自信心、获得成就感。学生之间的互评则将学生由被动的接受者变为主动的参与者，不仅提升了他们的成就感与归属感，还有利于调动他们的积极性。此外，教师将学生完成的口语录音存入相应的电子档案袋，对于教师客观观察学生在一段时期内的学习变化情况十分有利。

（五）基于阅读教学的有效提升方法

互联网环境下大学英语阅读教学并不是让学生漫无目的地搜索和浏览，如果没有教师的准备、指导与评价，学生很难通过互联网来提升自己的阅读兴趣和能力。因此，“互联网 +”视域下的大学英语阅读教学离不开教师的参与。具体而言，教师可以从如下几点做起。

1. 科学合理地选择阅读材料

英语阅读本身属于一门训练技巧的课程，学生需要通过大量的阅读练习来掌握技巧。因此，科学合理地选择阅读材料是最关键的部分。在互联网环境下，材料内容需要与课堂贴近，成为课堂内容的一环。在阅读课堂开始前，教师应该让学生提前搜索一些阅读材料，培养学生上网查询资料、获取信息的能力。之后，教师对学生寻找的资料进行仔细阅览，并将这些资料介绍给学生，要求学生以小组的形式进行交流。最后，教师要求学生做总结报告，教师根据学生的报告给予一些口头评价。

2. 发挥网络互动优势激发学生学习兴趣

基于互联网的大学英语阅读教学为大学生提供了一个广泛的互动平台，让学生广泛参与其中。通过互联网提供的空间，教师和学生可以上传学习资料，实现资源的共享。在具体的教学中，教师需要根据教材目的来建设一个网络阅读资料库，将教材中的重难点置于网络上，并且补充一些课外知识，以帮助学生理解和掌握。另外，为了避免学生出现乏味的现象，教师应该将互联网的优势发挥出来。也就是说，教师在学习资料中添加一些图片、漫画、视频等，在字体、排版上也凸显一些特殊的地方，能够让学生一目了然，并且能够吸引学生的注意力。

3. 积极地开展课后拓展阅读

在课堂阅读的基础上，教师应该积极开展课后拓展阅读，并着重于学生阅读与动笔练习的结合。通过长期的训练，学生在阅读中能够快速集中注意力。教师在引导过程中，可以根据教材各个单元的内容来开展活动，如可以要求学生从自身感兴趣的话题搜索，整理并做书面报告，进行演讲比赛。通过这些活动，学生不仅可以牢固掌握各个单元的内容，还能够锻炼自身写作和归纳能力。

（六）基于写作教学的有效提升方法

高校英语写作教学有助于激发学生的写作欲望，让学生快速掌握写作方法，规范自己的写作语言，从而完成写作学习。因此，“互联网 +”时代的相关技术是高校英语写作教学的重要拓展手段。下面就来探究“互联网 +”时代高校英语写作教学的方法。

1. 利用计算机文字处理程序

利用计算机文字处理程序辅助高校英语写作，代替原有写作形式。第一，计算机文字处理程序具备对标点、拼写、大写、小写等进行检测的功能，因此为学生提供了十分便利的工具。第二，“拼写与语法”功能能够使学生降低拼写错误，并查出一些简单文法上出现的错误。第三，“编辑”功能使句子段落的连接、组织、转移等变得轻松。写作者可以通过添加、剪切等手段来修改文章。第四，有的计算机文字处理程序还带有词典，因此学生可以迅速查询词的意义和用法。

总之，计算机文字处理程序的功能在一定程度上减少了写作者的重复劳动，节约了很多时间，因此学生能够花费更多的精力在写作上，增强了他们对写作的兴趣和积极性。

2. 倡导学生运用互联网技术

互联网技术的出现打破了时空的限制，实现了资源共享，是对英语教学资源的补充。将互联网技术引入高校英语写作教学中，让学生上网搜索相关信息，进而对检索的信息进行分析和探讨，最终将自己的见解表达出来，完成写作。现代高校生都十分热爱上网，教师充分发挥指导作用，可以利用网络资源来增强学生进行英语写作的机会，激发学生的学习兴趣，教师也需要经常对学生给予指导与监督，形成一种交流的氛围。

3. 利用 E-mail

利用 E-mail 辅助高校英语写作教学，加强师生间、生生间的交流。E-mail 对于高校英语写作教学来说，是一个十分有利的助手，其有助于加强师生间、生生间、学生与网友间的交流。在写作过程中，学生将自己的稿件利用 E-mail 发给教师或同学，然后教师和其他同学对这篇文章进行修改，并提出意见，最后该学生对自己的文章重新进行整理。另外，教师鼓励学生找一些国外的学生用 E-mail 进行交流，以了解不同国家人们的生活、学习、旅游、家庭、毕业动向等情况，通过这些学生感兴趣的话题，有助于提升学生的写作热情，进而提升自己的写作水平。

（七）基于翻译教学的有效提升方法

“互联网 +”时代开展高校英语翻译教学，有助于培养学生的英汉双语翻译能力，从而获得最佳的学习效果。在具体的实施上，教师可以从以下几点着手。

1. 展开翻译课堂教学以增加英语习得

各大高等院校通常使用与教材相匹配的多媒体教学光盘，但是由于各大高校的设备资源情况不同，且配套的光盘大多缺乏系统性的翻译教学内容，因此教师需要根据不同的情况来制作多媒体课件。也就是说，多媒体课件的制作需要建立在教学过程、教学目标、教材内容、教学媒体的基础上，坚持互动性原则，以提升学生的自主学习能力，确保不同层次的学生在翻译能力上都能够得到提高。

据此，在开展翻译课堂教学之前，教师设计的翻译教学模块需要利用声音、图片、动画等刺激学生的大脑，使学生难以理解的翻译理论变得更为生动、有趣。在具体的翻译课堂教学中，教师既要对英汉互译的技巧进行分析和总结，还需要补充相应的中西方文化知识，使学生能够系统掌握基本的翻译常识。虽然这样的教学模式还是按照“译例分析—课堂翻译—课后练习”的方式，但是其内容和形式与传统的翻译教学大不相同。

首先在内容上针对不同层次的学生展开，在课堂上由教师指导和学生自主选择，这有利于改善课堂教学的氛围。其次在形式上也不再是单调的板书形式，而是以媒体形式呈现，不仅节省了时间，还便于进行分级教学。

2. 扩大课堂信息量以克服课堂教学的局限性

课堂教学的课时是有限的，因此需要利用校园网来扩大课堂信息量，从而克服课堂教学的某些弊端。在具体的教学中，教师应以学生为中心，以互联网为手段，降低学生的焦躁情绪，缓解学生的紧张心理。同时，为了弥补课时的不足，教师可以将课堂上未叙述详细的翻译模块放在网络上，让学生自主选择学习。

此外，教师要有计划地增大难度，加强学生对跨文化交际、英美文化的了解，开拓学生的眼界。高校生通过校园网对中英文文章进行阅读，自行进行翻译，与优秀译文进行对比并探讨，最终仿照原文写作形式来提高自己的翻译水平。

在练习的过程中，学生可以从自己的专业和兴趣出发。如果学生学的是医学专业，那么他们可以选择医学材料进行翻译练习；如果学生学的是旅游专业，那么他们可以选择旅游材料进行翻译练习。

3. 制作教学课件并建立翻译素材库

互联网课件是一种新的模式，它的制作光靠个别教师是很难完成的，且教师自身的知识结构、时间资源等也都是非常有限的，因此新模式更强调资源共享、集体备课。制作教学课件，建立翻译素材库，教师应该注意如下几点。

第一，在翻译教学内容上，教师除了注重精讲，还需要注意多练。翻译毕竟属于高校英语教学的一部分，因此不可能占据多余的课时。这就要求教师应该从教学大纲出发，通过集体讨论对精讲的翻译理论和技巧进行确定，为教师提供一个框架。同时，教师要根据自己的情况进行局部的更改和发挥。另外，在具体的实践中，教师设计的翻译练习要保证题材、体裁多样，难度要适中，并能够及时做到调整和更新。

第二，在翻译教学方法上，教师应该注意课堂与课外相结合。在传统的翻译教学模式中，往往教师讲得比较多，学生练习的机会少，学生是被动的，这就导致学生很难有兴趣去了解翻译技巧，所以课堂内的讲练结合是十分必要的。在练习的基础上，教师对学生给予一些指导性的意见，引导学生归纳翻译技巧和方法。

第三，在翻译教学建设上，要及时补充，更新翻译素材库。从具体的、大量的教学实践中归纳出理论，然后将这些上升为理性认识，反过来对实践进行指导。翻译素材也要与时势相符，要反映当代社会的各个层面，其难度要体现层次性。教师也要发挥主观能动作用，不断地扩充素材库。

五、遵循“互联网 +”时代高校英语教育的方法原则

学习教学实践的落实，不仅需要理论观念的支撑，同时也需要恰当的方法、原则的帮助。这里从两个方面简要讨论所涉及的问题。

（一）学习教学中的应用方式

在学习之前，计划是非常重要的，如果能先把计划列出来，并严格按照这个计划开展学习这样的效果会事半功倍。第二，良好的学习行为习惯培养。在英语学习中，良好的学习习惯至关重要。良好学习习惯的培养，会提高学生的自主学习兴趣与学习积极性，引导学生完成主动探索、主动学习的目标。为此，教师可以采用以下方式。

第一，在预习时，要求学生做到主动思考，除了基本元素，还可以有哪些元素可以使用。第二，积极引入合作学习，将学生划分为不同的小组，以小组的内部学习，促进学生自主学习习惯的培养，提升学生的自主交流能力与主动学习意识。当然，教师需要积极认识到，良好学习习惯的养成，需要教师给予长期的引导，促使学生在主动学习过程中，逐步形成良好的学习习惯。第三，激发学生的学习直接兴趣和间接兴趣。心理学研究表明，学习兴趣的水平对学习效果能产生影响。因而，在“互联网 +”时代下的高校英语课堂教学中，教师需要进一步激发学生的学习兴趣。如何激发学生的学习兴趣？首先，要抓住教材中学生兴趣的点，让学生在兴趣中获得学习。在“互联网 +”时代下的高校英语课堂教学中，想要引导学生学习，还需要切实把握住学生学习的起点，也就是“最近发展区”。低于“最近发展区”或者高于“最近发展区”，学生都是不感兴趣的，也就无法学习。所以学生每个人的差异性要做到因材施教。第四，学习的合作性。在“互联网 +”时代下的高校英语课堂教学中，教师可以引导学生开展学习合作，以互帮互助，共同思考、探索的过程，维持学生的自主学习兴趣，培养学生的自主学习习惯。值得注意的是，学生应该根据自身的要求和特点选择同伴。第五，自我检查和反省。引导学生开展自我检查与反省，关注问题，并积极调整。只有知道自己的不足，并且不断地改正，才能更好地促进学生学习。

（二）教学中的方法原则

第一，目的性原则。首先，在“互联网 +”时代下的高校英语课堂教学中，教师要将教学目标具体化，将教学活动目标化，以教学目标为引导，确定教学措施，依据学生的学习需求与认知特点，将教学目标融入学生的学习目标，从而推进教学活动，完成教育目的。“互联网 +”时代下的高校英语课堂教学的最终目的是学会如何思考去主动构建认知结构，而我们要做的就是让学生在适宜的时期将教育目的转化成自己内心最为所需的，从而达到学习的效果。

第二，理论联系实际原则。在“互联网 +”时代下的高校英语课堂教学中，教师要依据学习知识，引导学生借助于理论联系实际的方式，思考问题、分析问题，从而内化知识、形成结论，并运用到实践中，达到学懂会用，学以致用。我们将英语课堂教学的学习方法运用到其他实践当中，是学习迁移的一大重要方式，也是最基本的。

第三，启发性原则。在“互联网 +”时代下的高校英语课堂教学中，借助于引导学生、启发学生的方式，激发学生的学习欲望，促进学生对知识的探索过程，从而使其掌握英语思维能力。

第四，因材施教原则。在“互联网 +”时代下的高校英语课堂教学中，要从实际情况、个别差异出发，有差异地教学，适应个别差异，培养学生优势。同时，我们也要从英语课堂教学课程的课后进行反思评价。

参考文献

[1] 刘亚娜 . 高校英语教学理论与实践探究 [M]. 长春：吉林人民出版社，2020.

[2] 杨雪静 . 高校英语教学模式创新研究 [M]. 长春：吉林人民出版社，2019.

[3] 刘媛 . 新时代高校英语教学研究 [M]. 北京：北京工业大学出版社，2019.

[4] 张迎春 . 互联网 + 背景下高校英语教学创新研究 [M]. 北京：中国原子能出版传媒有限公司，2021.

[5] 郑立，姜桂桂 . 慕课与高校英语学习方式研究 [M]. 成都：西南交通大学出版社，2017.

[6] 程亚品 . “互联网 +”时代下信息技术与英语教学的深度融合 [M]. 天津：天津科学技术出版社，2019.

[7] 刘英爽，鲁硕，程颖 . “互联网 +”背景下英语教师专业发展研究 [M]. 北京：中国商务出版社，2019.

[8] 韩超峰 . 高校英语翻转课堂教学模式研究 [M]. 郑州：郑州大学出版社，2018.

[9] 张静怡 . 基于翻转课堂模式的高校英语教学创新研究 [M]. 北京：现代出版社，2018.

[10] 文辛 . “互联网 +”时代英语教学模式的构建 [M]. 北京：九州出版社，2020.

[11] 陈雷 . 互联网 + 下的高校英语教学探究 [J]. 校园英语，2019（35）：23.

[12] 马永峰 . “互联网 +”视阈下高校英语教学模式发展研究 [J]. 湖北开放职业学院学报，2019，32（06）：134-135.

[13] 房思金，周红蕾 . “互联网 +”背景下高校英语教学所面临的挑战与机遇 [J]. 佳木斯职业学院学报，2019（02）：215+217.

[14] 张福荣 . 基于互联网 + 的高校英语教学模式重构 [J]. 才智，2019（03）：32.

[15] 汤月明 . 慕课环境下高校英语教学模式的转变 [J]. 食品研究与开发，2021，42（16）：247.

[16] 李艳 . 高校英语教学与慕课融合策略研究 [J]. 普洱学院学报，2021，37（02）：130-131.

[17] 高立 . 慕课时代高校英语教学的机遇与挑战 [J]. 文教资料，2020（28）：228-229.

[18] 党华 . 慕课时代高校英语教学的挑战与机遇分析 [J]. 科教导刊（下旬），2019（27）：119-120.

[19] 罗丽文，汪军 . 试论慕课在高校英语教学中的应用 [J]. 英语广场，2019（08）：103-104.

[20] 刘兰 . 高校英语教学中慕课资源的应用思路 [J]. 山东农业工程学院学报，2019，36（06）：164-165.

[21] 钟立娜 . 基于慕课的翻转课堂教学模式在专门用途英语教学中的应用研究 [D]. 桂林：桂林理工大学，2021.

[22] 冯丹 . 基于慕课资源平台的翻转课堂教学模式在大学英语阅读教学中的应用研究 [D]. 兰州：西北民族大学，2019.

[23] 李金英 . 基于 SWOT 分析的大学英语听说课翻转课堂教学模式探究 [D]. 重庆：四川外国语大学，2016.

[24] 侯温玲 . 大学生慕课学习完成率的影响因素研究 [D]. 南昌：江西财经大学，2020.

[25] 李雪 . 基于慕课的翻译教学设计要素与影响因素研究 [D]. 南京：南京邮电大学，2019.

[26] 陶涛 . 大学英语教学有效性问题研究 [D]. 武汉：华中师范大学，2015.

[27] 胡心语 .“互联网 + 教育”背景下英语专业高年级学生口语自主学习策略研究 [D]. 大庆：东北石油大学，2022.

[28] 魏华燕 .“互联网 +”条件下英语课堂教学模式的构建与实践研究 [D]. 重庆：西南大学，2021.

[29] 张元元 .“互联网 +”时代的英语教学：机遇、挑战与应对 [D]. 镇江：江苏大学，2019.

[30] 谢芬芬 .“互联网 +”背景下高职学生英语应用能力培养的研究 [D]. 广州：广东技术师范学院，2019.